ちくま新書

道鏡

——悪僧と呼ばれた男の真実

寺西貞弘
Teranishi Sadahiro

1790

道鏡——悪僧と呼ばれた男の真実

【目次】

はじめに

道鏡は、戦前、平将門・足利尊氏と並んで、「天下の三大悪人」と称されていた。すなわち、道鏡は天下の悪僧と呼ばれていたのである。平将門は朱雀《すざく》天皇に対抗して「新皇《しんのう》」を自称し、足利尊氏は後醍醐天皇をないがしろにした。そして、道鏡は女帝孝謙天皇（称徳《しょうとく》天皇）を籠絡《ろうらく》したという。とくに、皇国史観が盛んに唱えられた戦前においては、これら三人は天皇に弓を引いた大悪人として、扱われていたのである。

戦後、民主化され、皇国史観が払拭されると、これら大悪人に対する見方も、大きく変化した。とくに、足利尊氏については、後醍醐天皇の保守性に対し、武家社会の要望に応えたという一面が評価されてきている。しかし、道鏡についての評価はどうであろうか。相変わらず孝謙女帝を籠絡し、果ては同衾《どうきん》までした悪僧との評価が、どれほどまでに改められたであろうか。

たしかに、戦後皇国史観は払拭された。道鏡を研究する際に、必要不可欠な史料である『続日本紀《しょくにほんぎ》』は、古代律令国家が編纂した立派な歴史資料である。しかし、古代律令国家が、国家の威信をかけて編纂しただけに、天皇とその国家の非を書き記すことは絶対にしないのである。そのため、道鏡は、必要以上に悪人として語られてしまっているのではないだろうか。

本書は、このような観点から、『続日本紀』を読み返し、道鏡の評価を再考しようとするものである。まず、第一章では「うわさの道鏡」として、道鏡にまつわる伝承を取り扱う。第1節「道鏡の生年」、第2節「道鏡同衾伝説」、第3節「称徳女帝淫猥《いんわい》伝説」、第4節「歴史と伝説の間」を論述したい。とくに、道鏡の生年については、その出家の状況から考え直したい。また、『続日本紀』や『日本霊異記《りょういき》』の史料としての位置づけを明らかにしたいと思う。

第二章では、「仏教との出会い」として、道鏡が出家するまでの過程を検討する。第1節「道鏡の出自」、第2節「道鏡の仏教」を論述したい。とくに、道鏡の出身氏族は弓削《ゆげの》連《むらじ》氏であり、古代の名族物部《めいぞくもののべ》氏に連なると評価されてきた。しかし、弓削氏は名族といえるのであろうか。この問題について、再評価を行いたい。また、道鏡の仏教と律令国家が推奨した国家仏教との関係についても、思うところを述べたいと思う。

第三章では、「道鏡と律令国家」として、律令国家政治における道鏡の位置づけを考えたい。第1節「称徳天皇の即位事情」、第2節「称徳天皇との出会い」、第3節「藤原仲麻呂の乱と淳仁《じゅんにん》天皇廃帝」を論述したい。とくに称徳天皇の即位事情を検討することによって、彼女が淫猥に走るような立場になかったことを明らかにしたい。また、淳仁天皇は藤原仲麻呂のロボットのような存在であったとみられているが、その評価にも疑問を投げかけるとともに再評価を行いたい。

第四章では、「称徳朝政治と道鏡」として、称徳朝における道鏡の政治的立場を検討したい。第1節「大臣禅師・太政大臣禅師・法王」、第2節「太政官政治と道鏡」、第3節「西大寺の創建と道鏡」、第4節「宇佐八幡託宣と道鏡」を論述したい。とくに、道鏡が就任した大臣禅師などの職をどう評価するかを、宣命体で記されたそれぞれの詔を分析することによって明らかにしたい。そして、道鏡は称徳天皇の寵愛を得て、ほしいままにふるまい、皇位までも望んだといわれているが、彼は何をどれほどまでにほしいままにふるまったのであろうか。そして、本当に皇位を望んだのであろうか。併せて、これらのことも明らかにしたい。

第五章では、「称徳天皇の崩御と道鏡の左遷」として、道鏡の左遷に至る経緯を再確認したい。第1節「称徳天皇の晩年」、第2節「道鏡の左遷と死去」である。とくに、道鏡は彼を寵愛してくれた称徳天皇の崩御によって、まことにあっけなく左遷されてしまうのである。時には、「道鏡政権」とまで言われながらも、これほどあっけなく零落する背景には何があったのであろうか。そのことを明らかにすることによって、「道鏡政権期」とも評される道鏡優遇期の彼の立場を理解することができるものと考える。

以上、本書が語るべき問題を、略述してきた。もちろん、それらを語るとき、史料に基づいて語ることはもとよりである。しかし、先に述べたように、道鏡を語るべき際に必要不可欠とさえいえる『続日本紀』は、律令国家の威信をかけて編纂されたものなのである。そのため、天皇とその政府を傷つけるような記述は、一切記されることがなかったと思われる。それゆえ、道鏡を寵愛したとされる称徳天皇の実像を、『続日本紀』に直接的には読み取ることができないものと思われる。

しかし、『続日本紀』を注意深く読み込むことによって、その実像に迫れるのではないかと思われるのである。本書では、そのことに最大の配慮を払って、検討したいと思う。

私の『続日本紀』の読み方に、過誤があると思われるなら、即座にご批判をたまわりたいと願っている。

第一章　うわさの道鏡

1 道鏡の生年

†これまでの説

本章では、まず道鏡にかかわる伝承を取り扱う。道鏡には、称徳天皇（女帝）と枕を共にした僧侶との伝承がある。さらに江戸時代の川柳には、「道鏡が正座をすれば、ひざ三つ」というようなものまである。あまりに道鏡が巨根なので、正座をすれば、あたかも膝頭が三つあるように見えてしまうというのである。だが日本人が一般的に正座をするようになったのは、茶道が普及してからだといわれている。[1] したがって、奈良時代の道鏡が正座をするはずもないので、これが事実でないことはすぐにわかる。

道鏡ほど、こうしたうわさの多い人物は他にはないだろう。「えっ、そんなうわさから書き始めて、大丈夫なの？」と思われる方もいるかもしれない。むしろ、そう思われる方のほうが、歴史研究のセンスをお持ちだといえる。本書が、まず「うわさの道鏡」から説き始めるのは、根も葉もないうわさと史料に即した実証とを、最初に峻別していただきたいからである。

また、道鏡のうわさを見返すことによって、検討すべき問題点を指摘することもできると考えるからでもある。しかし、「うわさの道鏡」を語ろうにも、まず確かな見方が根底になくてはならない。そこで、まず道鏡の生年について確かな見解を示しておく必要があるだろう。

道鏡は、その生涯を宝亀三年（七七二）に閉じる。ただ享年が史料に記されていない。彼の前半生の謎は、ここから始まっている。多くの史料は、道鏡が義淵《ぎえん》僧正の門下生であったと記している。(2) 横田健一氏は、「道鏡が義淵に学んだのを青少年時代とし、それをかりに神亀五年に二〇歳としてみると、道鏡の生年は慶雲二年（七〇五）となる」と仮定された。(3) 資料に道鏡が義淵の門下生であると明記してある以上、そして義淵が神亀五年に没していることが明確な以上、このように仮定するのは極めて妥当であろう。

しかし、河内国の一介の土豪出身である彼が、僧侶になることはそれほどたやすいことではなかっただろう。僧侶になるためには、優婆塞《うばそく》として貢進《こうしん》されて始めて出家することになる。そして、師について修行に励み、受戒して初めて正式な僧侶となれるのである。正倉院文書の中に優婆塞貢進時の年齢のわかる優婆塞貢進文が一一通ある。(4) それらを見ると、たしかに、一〇代で貢進された優婆塞が三人いるが、高齢に至っては四〇歳の者もみられる。平均年齢をとると二六歳である。貢進されるまでの修行年数（浄行年）が最低でも三年を要するようだったので、それほど若くに貢進されることはなかったようである。したがって、道鏡の優婆塞貢進時の年齢もほぼこれに近かったとみるべきだろう。

道鏡は、古代の名族物部《もののべ》氏に連なる弓削《ゆげ》氏の出身である。しかし、本宗家である物部氏は、『日本書紀』によると、天武天皇一三年一一月一日に、他の五一氏族と共に朝臣《あそん》に改姓されている。しかし、弓削氏は道鏡の時代に至っても連《むらじ》を名乗っていたのである。このことから、弓削氏は物部氏一族に連なってはいるものの、かなりの傍流であったことがわかる。このことから、道鏡の出家がことさらに早められるということはなかったと思われる。おそらくは、その優婆塞貢進時年齢は、早くても平均年齢の二六歳か、あるいはそれよりも若干遅かったかもしれない。

もちろん、横田氏も優婆塞貢進時年齢を意識しておられたのではないかと思われる。横田氏のその後の論文の中では、「道鏡の年齢は不詳であるが、宝亀三年（七七二）に亡くなった時の年齢を七〇歳と仮定すれば、その誕生は七〇二年頃となり、義淵は七二八年に死去しているから、死時の年齢は二十六歳ぐらいになる」と、先の仮説を修正しておられ

る。(5)

ただ、横田氏自身が、この仮説を述べた後、続けて「もっと若かったかもしれない」と吐露しておられる。そして、もしこれ以上に若かったとするならば、道鏡が義淵の弟子ではありえなかった可能性が高いことになる。もし、それ以上に若かったとするならば、平田篤胤《あつたね》が本居宣長《もとおりのりなが》の死後に、その弟子であると称したように、死後の弟子ということになるだろう。(6) すなわち、道鏡が義淵僧正の弟子であった可能性は、限りなく無に等しいことになる。

†道鏡の出家年から考える

義淵の弟子である良弁《ろうべん》は、宝亀四年に死去しているが、彼の享年は八五であったと思われる。(7) 良弁ならば、義淵の晩年の高弟と称することは可能であろう。そして、正倉院文書によると、天平一九年(七四七)に道鏡は東大寺において良弁の使僧として、経巻の貸借に奔走していることが確認できる。(8) このことから、道鏡は良弁よりも若かったとみることが可能であろう。そして、道鏡と良弁のこのような関係を、義淵の下での関係の延長線上に位置づけるならば、かりに道鏡が義淵の直接の弟子ではなかったとしても、何らかの関

写真１　岡寺（龍蓋寺・明日香村岡）

係にあったことを想定すべきであろう。

さらに横田氏は、義淵の草創した岡寺（龍蓋寺《りゅうがいじ》）の如意輪観音の造像に道鏡が関与していた可能性を指摘される。もしそうであるならば、義淵と道鏡の関係を、師弟関係以外のところに求める必要があるだろう。横田氏は修正仮説において、道鏡の生年を七〇二年とされた。もちろん、もっと若かった可能性をも指摘しておられる。すなわち、道鏡は、大宝僧尼《たいほうそうに》令《りょう》施行頃に誕生し、僧尼令の条文に従って僧侶への道を歩んだものと考えるべきであろう。そして、養老僧尼令取童子条によると、次のように規定されているのである。

凡そ僧は、近親郷里に、信心の童子を取りて、供侍することを聴せ、年十七に至りなば、各本色に還せ、其れ尼は、婦女の情に願わん者を取れ、

これによると、義淵は近親者か郷里の一七歳未満の少年を、奉仕者として従えることが

できたのである。道鏡は物部氏の一族である弓削氏の出身である。そして『扶桑略記』によると、義淵も養い親の母が物部氏の一流である阿刀《あと》氏を名乗っているのである。これは、僧尼令取童子条にいう「近親」の関係とみることができるのではないだろうか。(9)

もちろん、この条文は養老令の条文である。しかし、『令集解《りようのしゆうげ》』の同条の注記を見ると、大宝令の解説書である「古記」の引用が見える。このことから、大宝令にも養老令僧尼令の取童子条と同内容の条文が存在したと考えてよいであろう。

すなわち、義淵の下で良弁は弟子として励み、少年の道鏡は供侍童子《ともざむらいどうじ》として奉仕していたとみるほうが、三人の年齢関係からみて自然であろう。そして、義淵の下でのこのような良弁と道鏡との関係が天平一九年まで続き、出家後の道鏡が良弁の使僧として働く淵源になったのではないかと思われる。

義淵と道鏡の師弟関係も、道鏡が義淵の供侍童子であったことを核として理解されたのであれば、人々は敢えて否定はしなかっただろう。また、後代の道鏡の動向からして、そのことをもって、道鏡自らが義淵の弟子であったと吹聴するようなことは十分にありえただろう。このように考えたとき、『公卿補任《くぎようぶにん》』が道鏡を義淵の「弟子」と明記せず、その「門流」と記したことも、極めて納得することができるだろう。

一方、持統天皇三年（六八九）生まれの良弁が、義淵の弟子となったのは、一般的な優婆塞貢進時年齢に照らせば、彼が二六歳の和銅七年（七一四）頃のことではないかと思われる。これは義淵が卒去する一四年前のこととなる。この間、良弁は義淵に従って修行し、戒を受けて一人前の僧侶となったのだろう。良弁と道鏡の出会いが義淵の膝下でなされたものとすると、道鏡が義淵の供侍童子となったのは、良弁が義淵の弟子となった和銅七年頃以降のことと考えるべきであろう。その後、道鏡は一七歳に達して本色に還されたものと思われる。道鏡にとって、この時の良弁との出会いが、彼を宗教界へと進ませたのであろう。

かりに、良弁が義淵の弟子になった時、道鏡も一〇歳で義淵の供侍童子となったとしたならば、彼は養老五年（七二一）に一七歳に達して、義淵の下を去ったことになる。これは義淵の卒去する七年前ということになる。この仮説によるならば、道鏡の生年は、横田氏が最初に仮説として提起された慶雲二年（七〇五）誕生説に一致することになる。

その後、彼は優婆塞として貢進され、仏教界に足を踏み入れるのである。それは、一般的優婆塞貢進時年齢に照らして、彼が二六歳の天平元年頃のことであったと考えられるだろう。この時点で、義淵僧正はすでに泉下に赴いていた。したがって、おそらくこの時道鏡の師となったのは、義淵亡き後の仏教界で最も親近観を覚えていた良弁であったと思われる。横田氏は、その後の称徳天皇の強権政治の下で、道鏡が良弁を一度も非難していないことを指摘しておられる。(10) 私は、このような状況を、良弁と道鏡の仏教界における師弟関係が存在したからではないかと推測したい。

先述の通り、師と思われる良弁の下で、天平一九年にはその使僧として奔走している。良弁はこの二年前に律師に任じられており、僧綱に重きをなす立場にあった。その後、良弁は、天平勝宝四年（七五二）に東大寺盧舎那仏開眼の功績によって初代東大寺別当に任じられている。さらに、天平勝宝八年には鑑真とともに大僧都に任じられている。天平宝字四年には小僧都慈訓《じくん》・律師法進《ほうしん》を率いて、仏教界の粛正を奏上している。この良弁の動向を見ると、まさしくこの頃の仏教界を牽引する立場にあったと評することができるだろう。

そして、良弁が仏教界の粛正を奏上した翌年、道鏡は孝謙《こうけん》上皇らに付き従って保良宮《ほらのみや》に入ったことが確認できるのである。このことから、道鏡が内道場に禅師の一人として座を占めたのは、称徳天皇に従って保良宮に入るよりも以前のことであったと思われる。そして、この頃の仏教界の動向を見れば、彼が禅師として内道場に入ることに関して、良弁による何らかの助力があったと考えるべきであろう。

以上をまとめると、物部一族に属する道鏡は、その縁で義淵僧正の供侍童子として奉仕したが、養老五年頃、一七歳に達し、義淵僧正のもとを去った。しかし、義淵僧正の下で、義淵僧正の晩年の弟子である良弁と面識を得た。その縁で、良弁を導師として、一般的な出家年齢の二六歳で出家したものと考えられる。したがって、道鏡の生年は、横田健一氏が最初に想定された慶雲二年のこととして、以下考えてゆくことにしたい。

2 道鏡同衾伝説

†『霊異記』に見えるうわさ

称徳女帝と道鏡とが枕を共にしたというううわさは、極めて有名であり、多くの人が知っているだろう。そのうわさは、仏教説話集の『霊異記《りょういき》』に記されている。『霊異記』の成立は弘仁一三年（八二二）であるという説が有力であるが、平安時代初期には成立していたと考えてよいだろう。(11) その『霊異記』下巻三八話には、次のように記されている。

又同じく大后の坐しましし時、天下の国をこぞりて歌詠うに、

法師等を裙着とな侮りそ　要帯薦槌《こもづち》懸かれるぞ　彌発つ時々　畏き君や

又咏いて言わく、

我が黒みそいまたに宿給ぇ人に成まで

是くの如く歌咏いつ、帝姫安倍天皇の御世之天平神護元年歳次乙巳の年の始めに弓削氏僧道鏡、皇后と同じ枕に交通し、天下の政を相摂り天下を治む、彼の咏歌は、是れ道鏡法師の皇后と同じ枕に交通し、天下の政を摂るとの表答也、又同じ大后の時、咏いて言うに、

正に木の本を相れば大徳食し肥えて立ち来る

是くの如く咏い言う、是れ当に知るべし、同じ時に道鏡法師を以て法皇とし、鴨氏の韻興法師を以て法臣参議として、天下の政を摂りし表答なるを、

これによると、人々はこれから起こることを予見して歌を唄うとしている。そして称徳天皇の御代に、法師が女の着る衣を身に着けていると馬鹿にするものではない、立派な官

職を得て政治に関与するのだから敬いなさい、という意味の歌が歌われたというのである。そして、それは、天平神護元年に称徳天皇と道鏡が同衾《どうきん》して、天下の政治を取り仕切ることを予見した歌であるといっている。また、道鏡が法王になることを予見した歌も唄われたとも記している。

ここで、天平神護元年に天下の政治を取り仕切るようになったというのは、同年一〇月二日の太政大臣禅師就任のことを指しているのだろう。すると、同年の始めに道鏡と称徳女帝が同衾した結果として、彼の太政大臣禅師就任がなったと主張していることになる。

†同衾伝説への疑問

この伝説によると、天平神護元年の初年に同衾関係が生じ、その結果として一〇月の太政大臣禅師に就任するにいたったことになる。ただ、第三章で詳しく述べるが、称徳天皇の道鏡寵愛が政治的に表面化するのは天平宝字七年である。(12) よって、それ以前に同衾したと記しても、何ら問題はなかったはずである。それを同衾の始まりが、同年の当初であるとした背景には何があったのだろうか。道鏡が称徳天皇の寵愛を受ける過程については、第三章で詳しく見るつもりである。

ここでは、この同衾伝説では「天下の政を摂るとの表答也」と表現されており、道鏡が政治の一切を取り仕切ったと述べられている。このような立場であれば、いかに僧綱幹部であろうとも少僧都《しょうそうず》では物足りないことになり、そのため、太政大臣禅師就任の直近に同衾があったとして語られている。すなわちこの同衾伝説は、太政大臣禅師就任の時代設定として語られているに過ぎない。

ここで注意すべきは、『霊異記』編者が太政大臣禅師という立場を、政治の一切を取り仕切る太政大臣に相当するものとして理解していることである。果たして、太政大臣禅師とはどのような立場だったのであろうか。[13] このことについても、第四章で詳しく見てみたい。

太政大臣禅師の位置づけが、実際には太政大臣に相当するものでないとするならば、『霊異記』編纂時点で道鏡の活動した時代の正確な評価が、もはや忘れ去られていたことになる。そうすると当然、同衾伝説そのものの評価もそれによって決定づけられることになる。

称徳天皇は宝亀元年に五三歳で崩御し、道鏡はその二年後に没している。先に考証した生年から、その享年は六八であったと思われる。つまり彼らがこの世を去ってから『霊異記』が編纂されるまで、五〇年以上もの歳月が経過しており、二人の正確な動向が忘れ去られたのちに語られ始めたものであるとも考えられる。

また、日記を毎日書いている人がいてそれが他見無用の日記であろうと、自分の性生活を赤裸々に記す人はまれであろう。だとするならば、二人の動向をどのような資料を基に語ることができたのであろうか。このことも大きな疑問であろう。

加えて、この同衾伝説が語る天平神護元年には称徳天皇が四八歳で、道鏡がおよそ六〇歳であったことになる。人生五〇年といわれた時代に、これほど高齢な二人が同衾したであろうか。もちろん、恋愛に年齢は関係ないという人もいるだろうが、そのためには称徳天皇の生涯を概観する必要があるだろう。このことも、第三章で詳しく見てみることにした。

†『霊異記』と道鏡

『霊異記』において、道鏡を主人公にした伝説は上述の下巻三八話が一つあるだけである。『霊異記』は薬師寺の僧景戒《きょうかい》が著したことが知られているが、彼はどのような仏教観を有していたのであろうか。国家仏教と呼ばれる奈良時代の仏教を題材にし、多くの説話を書きとどめているのであるから、律令国家にとって有為な僧侶だったのだろうか。

『霊異記』中巻第一話には、冒頭長屋王を主人公にした物語がある。天平二年二月、時の太政官首班の長屋《ながや》王《おう》が聖武《しょうむ》天皇の命を受け、元興寺で法会を行った。その法会にみすぼらしい乞食僧が、食べ物を目当てにやってきた。そのことを知った長屋王はその乞食僧の頭を象牙の笏で打ち、血を流させたという。その後、長屋王は謀反の罪を得て命を終える。景戒はこの物語を「袈裟を着たる人を打ち侮る者は、其の罪甚だ深し」とし、説教をしている。

『霊異記』下巻三六話にもこれとよく似た物語がある。聖武朝から光仁朝にかけて活躍し、光仁朝に左大臣を務めた藤原永手《ながて》が薨去した。永手は生前、法華寺の堂幡を倒したり、西大寺の造作規模を縮小したりした罪により死後、閻羅《えんら》王《おう》に召され、仏罰を蒙りそうになったという。

　そもそも国家仏教であった奈良時代の仏教は律令国家を後ろ盾とし、その権威を高めていたが、景戒は時の政府の首班である長屋王や藤原永手に仏罰を蒙らせている。このことか

写真２　元興寺（奈良市芝新屋町）極楽坊

ら、彼は律令国家の仏教政策には納得していない立場にあったと思われる。

これに対して、『霊異記』下巻一〇話には興味深い物語がみられる。牟婁沙弥《むろのしゃみ》と称される私度僧《しどそう》が紀伊国有田郡に住んでおり、彼は法華経一部を誠心誠意写経した。天平神護三年五月二三日、その居宅から失火して全焼したが、書写した法華経は、「筥を開きて見れば、経の色厳然として、文字は宛然たり」という状態だった。景戒はこの物語を終えるにあたり、「貴きかな榎本氏、深信功を積み、一乗の経を写す、御法神衛りて、火に霊験を呈す」と説教をしている。

律令国家が推奨する仏教において、私度僧は絶対にあってはならない存在であるが、景戒は、その私度僧が写経した法華経の功徳をしきりに称揚している。このことから景戒は律令国家の仏教政策に批判的で、清貧で修行を積む僧侶であれば、私度僧といえども賞賛すべき対象であったと考えていたことがわかるのである。(14)

『霊異記』の物語がこのような編集方針で記されているとしたならば、景戒の目に道鏡はどのように映ったであろうか。道鏡は地位的には法王にまで昇り詰めたが、それはあくまで律令国家の範囲内のことであり、道鏡自身がどれほど清貧な修行を積んだのかについては、疑問を呈さざるを得なかったであろう。

『霊異記』が編纂されたころには道鏡の正確な動向を知るすべもなく、景戒には、道鏡がどのような修行を積んだ人物であったのかわからなかった。しかし一方で道鏡はまぎれもなく、景戒が批判する国家仏教の首魁であったため、故意に批判的に物語ったと考えることができる。

3 称徳女帝淫猥伝説

†日本紀略の語るうわさ

道鏡と称徳天皇が同衾したというわさが立てば当然、道鏡と同衾した称徳女帝にもそれなりのうわさが立つことになる。『日本紀略《にほんきりやく》』光仁天皇即位前紀にひく百川《ももかわ》伝には次のように記されている。

百川伝、云々、宝亀元年三月十五日天皇の聖躰不予《ふよ》なり、朝を視ざること百余日、天皇道鏡法師を愛し、天下を失せんとす、道鏡帝の心の快たらんことを欲し、由義宮《ゆげのみや》に

写真３　由義宮旧址（八尾市八尾北　由義神社）

於いて雑物《ぞうもつ》を以て之を進つりしが、抜くことを得ず、宝命白額して、医薬験無し、或尼一人出で来りて云うには、梓木で金筋を作り、油を塗りて挟み出さば、則ち宝命全からんと、百川窃《ひそか》に逐い却す、皇帝遂に八月四日に崩ず、

これによると、宝亀元年三月一五日に天皇の臨終が迫り、政治を見ることのできない期間が百余日に及んだ。そもそも天皇は道鏡を愛し、天下の政治を行わなかった。道鏡は天皇の歓心を買おうとして由義宮で雑物を奉ったが、これが抜けなくなってしまい、天皇の命が危険になり、医薬の効果も見られなかった。この時に一人の尼が出てきて、梓の木で鋏を作って油を塗って挟み出せば、天皇の命は助かるといった。しかし、百川はその尼を追い返したため、八月四日に天皇は崩御したというのである。

この物語を伝える百川伝は、称徳天皇崩御後の光仁天皇の擁立に功のあった藤原百川の伝記である。これは、百川が尼を追い返したことから称徳天皇が崩御することになり、光仁天皇の即位に至ったことを暗に示しているのであろう[15]。

この時、道鏡が天皇に奉った雑物とは何であろうか。それは恐らく陰茎をかたどったものであり、それを称徳天皇は陰部に挟み込み、抜けなくなったということであろう。まことに淫猥《いんわい》な物語である。

この百川伝を収載する『日本紀略』は、神代から後一条天皇（在位：一〇一六〜三六）迄を記した編年体の史料で、成立は早くとも平安朝後期の成立とされている。つまり道鏡と称徳天皇が生きた時代から数百年も後の成立であり、二人の正確な動向に配慮して語られているとはいえない。

†水鏡の語る伝説

『水鏡』にも同様の伝説が語られている。

同（神護景雲）四年三月十五日に、御門由義宮に行幸ありき、道鏡ひにそえて御おぼえさかりにて、世中すでにうせなんとせしを、百川うれえなげきしかども、ちからおよばざりしに、道鏡御門の御心をいよいよゆかしたてまつらんとて、おもいかけぬものをたてまつれたりしに、あさましきこといできて、ならの京へかえらせおわしまして、さま〴〵の御くすりどもありしかども、そのしるしさらに見えざりしに、あるあまいできたりて、いみじき事どもを申て、やすくおこたりたまいなんと申しを、百川怒りをひいだしてき、みかどついにこのことにて八月四日うせさせたいにき、こまかに申さばおそりもはべり、このことは百川の伝にぞこまかにかきたるとうけたまわる、

この記述は、内容的には『日本紀略』の語る内容とほぼ同じである。また、「百川の伝にぞこまかにかきたるとうけたまわる」と記されていることから、『日本紀略』に引用する百川伝を指していると思われる。よってこの伝説は、『日本紀略』よりも後世に語られたものであろう。(16)

また、『古事談』にも同様の物語が記されている。(17) これについては倉本一宏氏が口語訳をしておられるので、それを紹介しておきたい。(18)

「称徳天皇は、道鏡の男根では、なお不足に思われて、薯蕷《じようよ》で張形を作り、これを用いられている間に、折れて籠ってしまった」ということだ。そこで腫れ塞がって大事に及んだ時、小手の尼が見奉って云ったことには、「帝の病は癒えるでしょう、手に

油を塗ってこれを取ろうと思います」と。「ここに右中弁百川が、「霊狐《れいこ》め」と云って、剣を抜き、尼の肩を切った」と云うことだ。そこで癒えることなく、帝は崩御した。

『古事談』は一三世紀の初め、源顕兼《あきかね》が編纂したとされる説話集であるから、鎌倉時代の成立ということになる。よって平安時代後期から鎌倉時代にかけて、称徳天皇の淫猥伝説が書き留められたことになる。

このように、淫猥伝説は複数の史料で語られているが、いずれも道鏡と称徳天皇の生きた時代から数世紀も後の記述であり、二人の動向を正確に理解したものとは言えない。それでは、このような淫猥伝説はいかにして書き留められるようになったのであろうか。

滝川政次郎氏は、このような淫猥伝説は『史記』にある秦始皇帝の皇后、呂太后《りよたいこう》の伝を種本とした創作伝説であろうという知見を提唱されている。(19) 呂不韋《りよふい》は淫猥盛んな呂太后に、嫪毐《ろうあい》という巨根の男性を選んで薦め、侍臣にさせたという。呂太后は彼を宦官のように見せかけ、弄んだと記されている。

横田健一氏も、平安時代の教養人が『史記』をよく読んでいたことを指摘し、滝川氏の知見を支持しておられる。すなわち、道鏡と称徳天皇の正確な動向が忘れ去られたがゆえに、呂太后の物語が二人の関係に置き換えられて語られるようになったのである。

4　歴史と伝説の間

†伝説を考える意義

これまで、道鏡にまつわる伝説として同衾伝説と淫猥伝説を見てきたが、両者とも、語られ始めたのは道鏡と称徳天皇がこの世を去ってからかなり後であり、淫猥伝説に至っては、二人がこの世を去ってから数世紀も後に語られ始めたことがわかった。このような伝説を考察することに、学問的な意義があるのだろうか。

同衾伝説も淫猥伝説も、明らかに歴史的事実であるとは考えられないが、二人がこの世を去って約五〇年後に『霊異記』が同衾伝説を語り始め、数世紀後の平安時代後期ないしは鎌倉時代に淫猥伝説を語り始める。これらの伝説を歴史的事実として認定することはできないが、伝説が存在すること自体は覆い隠すことのできない歴史的事実なのである。

それではこのような伝説を、いかなる必要があってどのような人々が語り始めたのであろうか。このことを考えることは歴史学的に見ても、十分に意義のあることであろう。伝説では、道鏡と称徳天皇が愛欲に浸っていたことを力説している。先にも述べたように、常識的に考えて、当の本人がそのような史料を残すことはあり得なかったであろう。

また、二人の周りにいた人々がそのようなことを喧伝すれば、自分自身の立場を悪くすることは間違いなかったであろうから、やはりそのような史料を残すことはなかっただろう。このように考えると、このような伝説を語り始めたのは二人とはまったくかかわりのなかった人々、つまり、二人の動向の歴史的事実にまったく頓着することがなかった人々であったと思われる。

このように考えると次なる問題が生じてくる。二人の動向の歴史的事実に頓着しない人々が、このような伝説をいかにして思いついたのであろうか。そのような人々が、まったく歴史的事実を知らないにもかかわらず、ゼロからこのような伝説を創作することができたのであろうか。もしそうだとするならば、驚くべき才能であったというべきであろう。

私は、このような伝説を語り始めた人々はそのような才能の持ち主ではなかったと考えている。河内国の小豪族の子弟として生まれた道鏡が少僧都、大臣禅師、太政大臣禅師、さらには法王に抜擢されたことはまぎれもない歴史的事実であるが、その背景に称徳天皇による道鏡への寵愛が存在していたことも事実である。

このような伝説を語り始めた人々は、その寵愛の背景にあったものを、自分たちなりに理解しようとしたのではないか。すなわち、称徳天皇が道鏡を寵愛したという歴史的事実を説明するため、後件肯定の付加条件として創作されたものであると考えられる。二人の動向に関する歴史事実に頓着せず、かつ二人に対して何らの関係をも有さないからこそ、いわゆる「下種《げす》の勘繰り」としてこのような伝説が創られたのであろう。

道鏡と称徳天皇が同衾しようが、道鏡の巨根に称徳天皇が愛欲を感じようが、歴史事実に頓着することのない人々であれば、そのことを語ることにまったくの罪悪感はなかったはずであるが、二人の関係を歴史学的に見ようとするならば、二人の動向の歴史的事実に着目しないわけにはいかないだろう。

称徳天皇が道鏡を寵愛した本当の理由を、二人の愛欲関係以外のところに想定するためには、僧侶道鏡がどのような人物であったかを史料に即して復元する必要がある。それゆえ、道鏡の前半生を第二章「仏教との出会い」として考察し、称徳天皇が道鏡を寵愛していく過程を第三章「道鏡と律令国家」として考察する。

道鏡は称徳天皇の寵愛を得て、「道鏡政権」とも称される一時代を築いたといわれるが、彼はその時代にいったい何をしたのであろうか。このような関心のもとに、第四章「称徳朝政治と道鏡」として考察する。

「道鏡政権時代」を築いたとされる道鏡は称徳天皇の崩御により、まことにあっけなく左遷の憂き目に遭うが、その背景には何があったのか。この問題を第五章「称徳天皇の崩御と道鏡の左遷」として考察する。

†確かな史料で語る

先に述べたように、道鏡に関する多くの伝説は歴史事実に基づかない、いわゆる「下種の勘繰り」であったと思われるが、伝説が語るような事実がなかったと断言できる確かな史料があるわけではない。それでは、確かな史料とはどのような史料であろうか。

奈良の正倉院には正倉院文書《しょうそういんもんじょ》が残されている。(20) 現在、洋装本で二五巻が刊行されており、その中に道鏡の名前は約六〇カ所に見られる。道鏡自身が署名した文書や道鏡に命じられ

写真4　正倉院（奈良市雑司町）

たとして、その執行を報告したものなどである。これらは道鏡が生きた時代に作成された文書であり、極めて事務的で信憑性が高い。よって、将来に残そうとして作成されたものでないことはたしかであり、文書内容に作為性はほとんどないといえる。

日本近代史研究に不可欠な史料として『原敬日記《はらたかし》』があるが、原敬は遺書の中で、日記の内容が極めて政治性が高いため、自分の死後、当分の間は他見することを禁じている。これは近代政治に苦労した原敬ならではの心遣いであろうが、発想を変えれば、原敬は死後何年か後、誰かが読むことを意識して日記を書いていたことになる。(21) ここでは、執筆者である原敬の作為性が存在するが、正倉院文書に見える道鏡に関する記述にはまったくそれがないことは明らかである。

そのため本書では、正倉院文書の記述を基に道鏡について語る。先にも記したように、正倉院文書には約六〇カ所に道鏡に関する記述があるが、作為性がない代わりに、私たちが知りたい事柄を都合よく知ることはできない。

これを補うには、古代政府が編纂した六国史の一つである『続日本紀《しょくにほんぎ》』がある。『続日本紀』は文武天皇元年（六九七）八月から、桓武《かんむ》天皇の延暦一〇年（七九一）一二月までを編年で記録している。(22) とくに道鏡が活躍したことを語る『続日本紀』後半部分は、詔《みことのり》が要約ではなく原文の宣命体《せんみょうたい》で記録されている。

奈良時代の仏教は「国家仏教」と称されるほど、仏教に国家の関心が集まった。そのため『続日本紀』には多くの仏教記事が見え、僧尼の動向が語られているが、その死没に際し、僧侶の伝記が記されているのはわずか六人だけで、そこに道鏡が含まれている。これにより、『続日本紀』の編纂者は道鏡を奈良時代の特筆すべき僧侶だと考えていたことがわかる。

『続日本紀』は『日本書紀』に次ぐ二番目の六国史で、古代国家の威信をかけて編纂されたのであるからその信憑性は極めて高い。よって道鏡を語るには不可欠で、正倉院文書に次ぐ確かな史料といえるだろう。

†確かな史料の落とし穴

しかし古代国家の威信が間違いなく存在していたがゆえに、『続日本紀』の記述に全幅の信頼を置くことはできない。

たとえば阪神と巨人が戦い、阪神が一対〇で勝利すれば、翌日のスポーツ紙はその結果を記事にするが、『スポーツ報知』はおそらく見出しを「巨人惜敗」とし、『デイリースポーツ』は「阪神快勝、完封勝利」とするであろう。『スポーツ報知』は巨人ファン、『デイリースポーツ』は阪神ファンをそれぞれ意識し、それが記事内容に反映されるため、一対〇の戦績は惜敗なのか、快勝なのかわからなくなってしまう。

『続日本紀』が編纂された書物であるから、その記述には編纂者の意図するところが、必ず反映されている。『続日本紀』は桓武天皇の時代である平安初期に完成しており、道鏡が、皇位をわがものにしようとしたとして左遷されたのちの編纂物であり、道鏡のことを必要以上に悪く記している可能性がないとは言えない。

また、道鏡の絶頂期には藤原一族が政治の中心に位置づけられることはなかったが、左遷後には藤原一族が政府の要職を独占するようになる。よって『続日本紀』編纂者たちが、藤原一族に忖度しなかったとは断言できないだろう。『続日本紀』を用いて道鏡を語る際には、編纂者がどのような意識でそれを記したのかを常に考えなくてはならない。

また、逆のこともいえる。先に見た同衾伝説も淫猥伝説も史実とは言えず、その背景には、称徳天皇が道鏡を寵愛したという事実があった。荒唐無稽なこれらの伝説の背景には、間違いなく史実が存在している。本書では正倉院文書・『続日本紀』そして伝説などをもとに、以上のような注意を払いつつ、道鏡についてできるだけ正確に語っていきたいと思う。

注

(1)川本利恵・中村充一「正座の源流」(『東京家政大学紀要』三九、一九九九)参照。
(2)『公卿補任』天平宝字八年条によると、道鏡の法灯について「法相宗西大寺義淵僧正門流」と記している。なお、ここで「弟子」とはせず「門流」と表現していることは注目すべきではないかと思われる。
(3)横田健一『道鏡』(吉川弘文館人物叢書、一九五九)参照。
(4)優婆塞貢進解は、『正倉院文書(大日本古文書)』二に、天平一四年のものと思われるものが六通、天平一五年のものと思われるものが四通、天平一六年のものと思われるものが一通みられる。
(5)横田健一「義淵僧正とその時代」(『橿原考古学研究所論集』第五、吉川弘文館、一九七九)参照。
(6)田原嗣郎『平田篤胤』(吉川弘文館人物叢書、一九六三)は、篤胤が宣長の弟子を自称したことを含め、宣長の生前に篤胤が彼と交流のなかったことを明らかにしておられる。
(7)良弁の没伝は『続日本紀』宝亀四年閏一一月二四日条に、「甲子、良弁卒、遣使弔之」とある。なお、『東大寺要録』本願章第一には、「根本僧正良弁」の項に、「僧正者相模国漆部氏、持統天皇治三年己丑誕生、義淵僧正弟子、金鷲*是也、天平五年建金鐘寺」と記す。
(8)『正倉院文書(大日本古文書)』二四所収の「第六櫃本経出入注文」によると、天平一九年正月に、「奉請良弁大徳御所、使沙弥道鏡」とあり、良弁の使僧となって梵網経二巻の貸借に関与している動向が見える。
(9)『令集解』取童子条の「近親」に関する古記の解釈によると、「古記云、近親謂親族也」とある。また「郷里」に関する古記の解釈も、「古記云、郷里、謂不限遠近也」とある。これらのことから、大宝令制下では、広く同族から供侍童子を求めたと考えることができる。
(10) 横田健一『道鏡』(前掲、注3)参照。
(11) 黒沢幸三「仏教土着期の文学『日本霊異記』」(日本霊異記研究会編『日本霊異記の世界』(三弥井選書一〇、一九八二)は、その最終的編述は弘仁一三年(八二二)としている。
(12) 道鏡は天平宝字七年九月四日、少僧都に新任されている。その際、称徳天皇は現任の少僧都である慈訓の非をあげつらっており、彼女の寵愛はそれ以前に始まっていたと思われる。
(13) 滝川政次郎「法王と法王宮職」(法制史論叢四『律令諸制及び令外官の研究』角川書店、一九六七)は、これを議政官であるとしている。一方、谷本啓氏「道鏡の大臣禅師・太政大臣禅師・法王」(『ヒストリア』二一〇号、二〇〇八)は、それを議政官でも僧位でもなく、僧道鏡に対する官職であったとしている。最近では鷺森浩幸『藤原仲麻呂と道鏡』(吉川弘文館、二〇二〇)は、「俗界での官職を得て昇進していった」として、その職が俗界をも統率するものと考えておられるようである。道鏡の大臣禅師などの職責は、道鏡の立場を考えるうえで、極めて重要な問題であると思われる。
(14) 薗田香融「平安仏教」(『講座日本歴史』四、岩波書店、一九六二)は、『日本霊異記』は「自度の沙弥」(私度僧)の活躍を豊富に記録した唯一の文献」と評価する。
(15)『日本紀略』に載せる「百川伝」の評価については、坂本太郎『六国史』(吉川弘文館、一九七〇)による。
(16)『水鏡』の作者については中山忠親(一一三一〔天承元年〕~一一九五〔建久六年〕)とする説や源雅頼(大治二年〔一一二七〕~建久元年〔一一九〇〕)などがあるが、いずれにしても平安朝末期の成立と考えられる。

(17)『古事談』は、村上源氏の源顕兼の編になる説話集で、その成立は建暦二年（一二一二）〜建保三年（一二一五）であろうといわれている。
(18) 倉本一宏編『古事談』（角川ソフィア文庫、二〇二〇）参照。
(19) 滝川政次郎『池塘春草』（青蛙房、一九七六）参照。
(20) 最近では、鷺森浩幸『藤原仲麻呂と道鏡』（吉川弘文館、二〇二〇）において、「正倉院文書の中の道鏡」という項目を立て、その所出状態を分析しておられる。
(21) 原敬日記の概要については、栗田直樹『原敬日記を読む』（成文堂、二〇一八）参照。
(22)『続日本紀』の成立については、坂本太郎『六国史』（前掲注15）参照。

第二章　仏教との出会い

1　道鏡の出自

†道鏡のふるさと

道鏡の出自を論じるにあたり、まず『続日本紀』に見える彼の没伝を概観してみよう。ここには出自にかかわること以外も記されているが、それをも含めてすべてみてみることにしたい。宝亀三年四月七日条には次のように記されている。

丁巳に、下野国《しもつけのくに》申さく、造薬師寺の別当道鏡死にぬ、道鏡、俗姓は弓削連、河内《かわち》の人也、略梵文に渉り、禅行を以て聞こゆ、是に由て内道場に入り、列して禅師と為る、宝字五年に保良に幸するに従う、時に看病に侍して、稍《ようや》く寵幸《ちょうこう》せらる、廃帝常に言を為し、天皇と相中ることを得ず、天皇、乃ち平城の別宮に還りて居ます、宝字八年太《たい》師《し》恵《え》美仲麻呂《みのなかまろ》謀反して誅に伏す、道鏡を以て太政大臣禅師と為し、居ること頃之、崇めるに法王を以てす、載るに鸞輿《らんよ》を以てし、衣服・飲食は一に供御に擬す、政之巨細は決を取らざるは莫し、其の弟浄人《きよひと》、布衣《ほい》より八年の中に従二位大納言に至れり、一門五位以上の者の男女十人、時に大宰の主神習宜阿曾麻呂《すげのあそまろ》、詐りて八幡神の教と称し、道鏡を誑耀《たぶらか》す、道鏡之を信じ、神器を覬覦《きゆ》するの意有り、語は高野天皇の紀に在り、宮車の晏駕《あんが》に泊《およ》びても、猶以て威福己に由らんと、窃に僥倖を懐けり、御葬礼畢りて山陵を守り奉る、先帝の寵する所を以て、法を致すに忍びず、因て下野国《しもつけのくに》薬師寺別当と為し、之を逓送《ていそう》す、死するときは庶人を以て之を葬る

写真５　弓削神社（八尾市東弓削）

この没伝には、本章以下の各章で触れることになるが、ここでは出自にかかわる部分だけを詳しく見てみよう。まず道鏡の俗姓は弓削連氏で、本貫は河内国の人であると明記されている。これに関して、天平宝字六年一二月二一日付の正倉院文書（一六巻一〇六）がある。これは道鏡の命令により、仁王経疏《にんのうぎょうしょ》書生四人の費用を支給したという記録で、ここでは、道鏡のことを「弓削禅師」と記している。

僧籍に入ったのであれば俗姓は棄てるものであろうが、『倭名類聚抄《わみょうるいじゅしょう》』の国郡部を見ると、河内国若江郡に弓削郷とあり、道鏡は禅師となった後も、出身地を称して呼ばれていたと考えられる。

『延喜式《えんぎしき》』の神名帳によると、弓削郷には弓削神社が鎮座している。これは月次・相嘗《あいなめ》・新嘗《にいなめ》にも奉幣を受ける極めて格式の高い神社で、『延喜式』では祭神は二座となっている。(1)現在、八尾《やお》市東弓削に所在する弓削神社は七柱を祭神として祀っており、その筆頭が物部氏の祖神とされる饒速日命《にぎはやひのみこと》である。(2)これはおそらく、物部一族を自任する弓削氏の氏神として祭祀されてきたものであろう。

また、天平神護元年一〇月三〇日には称徳天皇が弓削寺に行幸している。よってこの弓削寺は、弓削氏の氏族寺院であろう。さらに天平神護三年一〇月一七日、称徳天皇は由義宮に行幸している。同月三〇日にはこの由義宮を「西京」と呼称するよう命じ、大縣・若江二郡の租を免除していることから、由義宮も若江郡弓削郷に所在したと考えられる。

これに関して、天平宝字七年五月一六日付の正倉院文書(五巻四四一)が参考になる。これによると、道鏡の命令で無垢浄光陀羅尼経《むくじょうこうだらにきょう》を求めているが、その時の道鏡を、「由義禅師」と呼称しており、弓削と由義が混用されていたことがわかる。称徳天皇はその後、寵愛する道鏡のふるさとにある由義宮を頻繁に訪れるようになり、おそらくここが離宮とされたのであろう。

†その出身氏族

道鏡は弓削連氏の出身で、弓削連氏は物部氏の同族を自任していたが、第一章で述べたように、物部本宗家の改姓に連動することもなかったため、物部一族とは称しながらもかなり傍流的な存在であったと思われる。また、天武天皇一三年一二月には、弓削連氏が宿禰に改正されているにもかかわらず、道鏡の出身氏族はその後も連のままであった。つまり、弓削を名乗る氏族の中でもさらに傍流だったのである。

『新撰姓氏録《しんせんしょうじろく》』を概観すると、特に地方豪族には物部氏の同族と称する氏族がかなりいる。周知のごとく物部氏は軍事氏族で、天皇の軍隊として全国各地に派遣され、そこで地方豪族を服属させた。よって当然のことながら、その地方豪族は物部氏を介して天皇家と接触を持つことになる。それゆえ尾張国に本拠を置く尾張連氏など、地方豪族の中に物部氏と同族を称するものが多くみられると思われる(3)。

それでは、弓削氏と物部氏の関係はどのようなものだったのであろうか。物部本宗家の本拠地である河内国に弓削氏は盤踞しており、両者の関係はかなり古くからのものであったと思われる。先にも述べた通り、物部氏は軍事氏族であり、武器・武具は必要不可欠であった。名称から考えて、弓削連氏は物部氏に弓を提供するための部民集団を率いていたのではないかと思われる。(4) 物部本宗家とともに雄々しく出陣するのではなく、弓を提供するという裏方の仕事に関与していた。それゆえに物部氏とのかかわりが古かったにもかかわらず、傍流氏族とみなされていたのだろう。

ところが、道鏡の出身氏族をこのように考えるには少々都合の悪い記述が、『続日本紀』に見られる。天平宝字八年九月二〇日条によると仲麻呂誅滅後、仲麻呂の悪行を列記し、道鏡を大臣禅師に任命する詔が発せられており、道鏡の仕事ぶりとその出自に関するつぎのような記述がある。

然之が奏しく、此禅師の昼夜朝廷を護り仕え奉るを見るに、先祖の大臣として仕え奉りし位名を継がんと念いて在る人なりと云いて、退け賜えと奏ししかとも

これは仲麻呂の悪行を列記した後に記されており、宣命体で、ほぼ当時出された詔の原

文ではないかと思われる。要約すると、奏上することには、道鏡禅師は昼夜を問わずに仕事に励んでいるが、先祖の大臣と同様に、官位や職名を得ようとしている人だから、上皇のそばから退けるべきであると言うのである。このように上皇に奏上した人物を、本居宣長は仲麻呂であると推定している。[5] このことについては第四章で考えてみたい。

ここに「先祖の大臣」とあるのは、道鏡の出身氏族が弓削連氏であることから、物部弓削大連守屋《もののべのゆげのおおむらじもりや》のことを指していると考えて間違いないだろう。つまり、道鏡はかつての物部弓削大連守屋のように政治的地位を狙っているから、上皇から遠ざけるべきだと進言したというのである。もしこのとおりであるとするならば、弓削連氏は物部弓削大連守屋の直系であったことになる。しかし私は、このような進言が本当になされたかどうかについては疑わしく思っている。

私が注目するのは、ここに「先祖の大臣」と記されていることである。物部弓削大連守屋はたしかに飛鳥期に勢力を極めた人物で、蘇我大臣馬子《そがのおおおみうまこ》と激しく覇権を争ったことは有名であるが、彼はあくまでも大連である。このことから、物部弓削大連守屋を指して「先祖の大臣」と表現することはあり得ない。それでは、誰が何のために「先祖の大臣」などという言葉を発したのであろうか。

この奏上があったとする後も、詔はさらに続く。それを箇条書きに要約すると、次のようになる。

①道鏡の行いは極めて清廉で、私をも導いてくれている。
②私は入道しているが、政治を行わざるを得ない立場にある。
③入道した天皇が政治を行うことは、仏法の教にもかなっている。
④天皇が出家している場合、出家した大臣がいてもよいはずである。
⑤道鏡禅師に大臣禅師の位を授けることにする。
⑥すべての臣下が、先祖の名を興しその名を広めようと思うことは当然である。
⑦人々が精勤すれば、それに従って氏々の門流が栄えるように取り計らおう。

この詔の最終目的は⑤の道鏡を大臣禅師にすることで、奏上者は道鏡が「先祖の大臣」のようになりたがっていると批判したが、⑥でそれは当然のことではないかと訴えている。さらに、⑦で道鏡のように精勤すれば、すべての臣下にも同じように取り計らうので、納得してほしいと述べている。

奏上者が「先祖の大臣」と言ったのかどうか、この時点で誰も確認することはできなかったであろうが、生前の仲麻呂の悪行をあげつらい、その最後に道鏡が「先祖の大臣」の地位を狙っていると批判したことを指摘している。そして、その批判を逆手にとり、道鏡がそう思ったとしても当然であるとしている。これは、大臣禅師の職名の「大臣」という語を引き出すための伏線として、称徳天皇が作為したものと思われる。

したがって、道鏡が物部弓削大連守屋の直系であるとする説は称徳天皇の創作であり、事実とは認めることができないだろう。弓削連氏は先に述べたように、物部氏に弓を提供する部民集団を率いる氏族であり、物部一族を自任するものの、あくまでも周辺氏族にすぎなかったと考えるべきである。

†弓削氏の姓の変遷

天平宝字八年七月六日、道鏡の弟である浄人は弓削連から弓削宿禰《すくね》へと改姓されている。弓削氏は物部氏に連なる氏族であることから、元の姓が物部氏と同じ連であることは十分納得できるが、物部連氏は天武天皇一三年の八色姓《やくさのかばね》制定の直後、物部朝臣へと改姓されている。弓削氏は物部氏と同族であると称してはいたが、朝臣改姓には与《あずか》らなかった。このことから、弓削氏は物部氏との同族を名乗りながらも、末席に位置する存在であったことがわかる。

ただ、この日の改姓はすべての弓削連氏を対象としたものではなかった。この日よりも後の天平宝字八年一〇月七日条によると弓削連耳高《みみたか》が外従五位下に昇叙されており、彼は同年七月六日の宿禰改姓に与らなかったことがわかる。

この日の叙位は「親王・大臣の胤、及び逆徒を討つに預かる諸氏の人等に、位階を加え賜う」とあるから、耳高は明らかに道鏡の一族であると思われるが、彼が宿禰に改姓されるのは、道鏡絶頂期の最末期の宝亀元年四月一一日のことであった。

もちろん、彼の改姓をもってすべての弓削連氏が宿禰に改姓されたというわけではない。彼は五位に達した人物であるから『続日本紀』に記されたが、五位に達せず、記されることが無かった弓削連氏は彼の他にもたくさんいたであろう。宿禰に改姓された弓削氏と連に留まった弓削氏の差異は、道鏡とその弟・浄人との血縁関係の粗密によるものであると考えてよいだろう。

その後、天平宝字八年九月一一日に、さらに弓削御浄朝臣《ゆげのみきよのあそん》に改姓されているが、この時の改姓は、浄人とその周辺のごく限られた人々を対象としたものであったことが推定される。それは、『続日本紀』宝亀六年二月八日条に次のように記されていることからも裏付けられるであろう。

是より先天平宝字八年、弓削宿禰を以て弓削御浄朝臣と為し、連を宿禰と為す、是に至りて皆本姓に復す、

天平宝字八年には、弓削浄人とその一部の人々に弓削御浄朝臣が授けられたが、宿禰を授けられた人々はこの時まで宿禰の姓を保ち続けていた。しかも、宝亀元年の道鏡の左遷に際し、浄人とその三人の子息はすべての姓を剝奪されたが、この時点でもなお、弓削御浄朝臣を名乗る人が存在し、彼らは宿禰の姓へと復された。つまり、道鏡左遷後の弓削氏には弓削御浄朝臣、弓削宿禰、弓削連、無姓の弓削氏という四つの集団があったことになる。同じく浄人の一族でありながら朝臣・宿禰・連と姓を異にするのは、浄人との血縁関係の親疎によるものであろう。

その後、宝亀七年三月四日条によると、前年に弓削御浄朝臣から弓削宿禰に復された人々も、弓削宿禰薩摩《さつま》を除いてすべて弓削連へと改姓されたとある。これ以後、薩摩が名

乗る弓削宿禰以外はすべて弓削連となり、浄人と三人の子息が無姓の弓削氏を名乗ったと思われる。

道鏡絶頂期において、弓削御浄朝臣は天平宝字八年以降、浄人の一族に広く授けられるようになったと思われる。そのことは天平宝字八年一〇月八日、神護景雲三年一〇月三〇日の三人の女性に対する叙位記事を比較することによって明らかになるだろう。

天平宝字八年一〇月八日条によると、「无位弓削宿禰美努久女《みぬくめ》・乙美努久女・刀自女《とじめ》並従五位下」と見える。女性がいきなり無位から従五位下に昇叙されているのである。この時期における破格の昇叙であることから、この三人の女性は、道鏡・浄人の一族関係者だと考えるべきであろう。

しかし、彼女らの姓は、弓削宿禰のままである。これより以前の天平宝字八年七月六日には、すでに浄人は弓削御浄朝臣に改姓されている。このことから、浄人の弓削御浄朝臣への改姓は、浄人のごく近親のみを対象としたものであったと考えられる。

しかし、神護景雲三年一〇月三〇日条には、「従五位上弓削御浄朝臣美努久売・乙美努久売並正五位下」と見える。天平宝字八年条では美努久女・乙美努久女と記されており、神護景雲三年条では美努久売・乙美努久売と記されているが、「女」と「売」は混用されることが多い(6)。また、道鏡の一族であれば、この時期このような昇叙は十分あり得たと思われることから、両者は同一人物であると判断してよいだろう。

すると、浄人の弓削御浄朝臣改姓に漏れた彼女たちが、神護景雲三年までに、弓削御浄朝臣へと明らかに改姓されていることがわかるのである。当初、浄人とそのごく一握りの人々を対象とした弓削御浄朝臣への改姓であったが、その後、広く浄人の関係者を対象とした改姓へと変化したことを見ることができるのである。これも、浄人たちに対する政治的優遇措置の一つであるとみることができるであろう。

この優遇は、なにによってもたらされたのであろうか。先にみたように、道鏡や浄人を優遇することに対する蹉跌は、藤原仲麻呂と淳仁《じゅんにん》天皇の存在であった。しかし、美努久女等が宿禰を称して叙位されたのは、同年九月一一日に仲麻呂の政治生命が断たれた後の一〇月八日のことであった。このことから、この優遇措置に蹉跌となっていたのは、仲麻呂の除かれた後であるから、淳仁天皇であったと思われる。

それでは、淳仁天皇の動向を加味して、この優遇措置が取られたのはいつのことであるかを推定してみよう。天平宝字五年以来、孝謙上皇と淳仁天皇はたしかに不和であった(7)。そして、天平宝字八年一〇月九日に淳仁天皇は、孝謙上皇によって廃帝される。それは、美努久女等への叙位の翌日のことである。淳仁天皇が廃された前日の叙位ではあるが、姓は宿禰のままなのである。廃帝などという未曾有の事件が、その日に突発的におこるはずはないだろう。美努久女等への叙位の時点で、すでに予定は定まっていたたろう。それでも、彼女らの姓は宿禰のままであったことになる。

すなわち、廃帝によって道鏡や浄人への優遇が発露されたのではないとみるべきであろう。その後の淡路廃帝の動向を見ると、天平神護元年一〇月二三日に薨じている。私は、この淡路廃帝の死に、称徳天皇がかなり能動的に関与していたのではないかと考えている。(8)そして、その廃帝の薨去の直後の天平神護元年閏一〇月一日に、道鏡の故郷である河内の弓削寺に参詣し、その翌日には道鏡を太政大臣禅師に任じるとともに、多額の褒賞を行っている。(9)

それまで淡路に退かせた廃帝に対して、称徳天皇はかなり強い警戒心を有していたが、淡路廃帝の薨去を以てその警戒心は解かれた。おそらく道鏡の故郷である弓削寺では道鏡への褒賞のみならず、その一族への厚遇が発露されたであろう。このように考えると、美努久女等への弓削御浄朝臣改姓は、天平神護元年閏一〇月二日のことであったと考えることができる。

天平神護元年閏一〇月二日以後、それまで浄人周辺の一握りの人々にしか授けられていなかった弓削御浄朝臣の姓が広く一族の人々にも与えられるようになった。このように考えると、弓削御浄朝臣の姓を称する人々と道鏡や浄人との親族関係を、ある程度推測することも可能であろう。

†弓削一族と弓削一門

道鏡の左遷に伴い、宝亀元年八月二二日条によると、「道鏡の弟・弓削浄人、浄人男広《ひろ》方《かた》・広田《ひろた》・広津《ひろつ》を土左国に流す」とある。このことから広方・広田・広津の三人が浄人の子息であり、道鏡の甥であることがわかる。おそらくこの列記順序がそのまま、生得順位であると思われる。

広方は、神護景雲二年二月一九日に無位からいきなり従五位下に叙せられている。そして、翌年一〇月三〇日に広津も無位からいきなり従五位下に叙位されている。ちなみにこの日、広方は従五位上から正五位下に昇叙されているが、広方と広津の間に生まれたと思われる広田の叙位記事がみられない。私は、広田の叙位記事が『続日本紀』編纂段階で脱落してしまったのではないかと考える。

前掲の道鏡没伝によると、「一門の五位以上の者男女十人」と記されている。『続日本紀』に見える、弓削御浄朝臣の姓を有し、なおかつ五位以上のものを検索してみると、次のような人物を数えることができる。

①天平宝字八年九月一一日　弓削御浄朝臣浄人　従四位下
②天平神護元年正月七日　弓削御浄朝臣秋麻呂　従五位下
③天平神護二年一〇月一九日　弓削御浄朝臣鹽麻呂　従五位下
④神護景雲元年一〇月一八日　弓削御浄朝臣美夜治　従五位下
⑤神護景雲元年一〇月一八日　弓削御浄朝臣等能治　従五位下
⑥神護景雲二年二月一九日　弓削御浄朝臣広方　従五位下
⑦神護景雲三年一〇月三〇日　弓削御浄朝臣広津　従五位下
⑧神護景雲元年一〇月一八日　弓削御浄朝臣美努久女　従五位下
⑨神護景雲元年一〇月一八日　弓削御浄朝臣乙美夜治　従五位下

このうち④・⑤および⑧・⑨は一連の女性叙位記事の中に含まれているので、女性と思われる。つまり男性五人、女性四人が五位以上を叙位されているが、道鏡没伝には「一門の五位以上の者男女十人」とあり、「十人余」でも「凡十人」でもない。よって、ここに記された「十人」は、実数であった考えるべきであろう。しかも、生得的に広津よりも順位が上の広田が、浄人の子息でありながら道鏡絶頂期に叙位されない明確な理由がない限り、叙位記事が脱落したと考えるべきであろう。生得順位から見て、広田は広方が叙位された神護景雲二年二月一九日以後、広津が叙位された神護景雲三年一〇月三〇日以前に、従五位下に叙されていたと思われる。

『続日本紀』に記された浄人の親族のうち、浄人本人とその三人の子息の親族関係は明確で、儀制令五等親条に規定される一等親である。浄人の最も近親者でありながら、道鏡・浄人優遇の蹉跌となっていた淡路廃帝が薨去した天平神護元年一〇月二三日よりも、彼らの叙位がかなり遅くなってしまったことには、いかなる理由があったのだろうか。

選叙令授位条によると「凡そ位を授けんは、皆年廿五を限れ、唯し蔭を以て出身せんは、皆廿一以上を限れ」とある。浄人の生年については第四章で詳しく考証するが、和銅三年頃と思われる。この頃の親子間（父と嫡長子）の一般的な年齢差は三〇〜三五歳であった[10]から、浄人の長男・広方が二五歳に達するのは天平神護元年から宝亀元年の間であったと思われる。広方は、授位条の規定に達するのを待って出身したものと考えられる。

このように考えると、称徳朝においては摂関期に五摂家《ごせっけ》に属するというだけで、幼くして高位に叙せられるということはなかったとみるべきであろう。道鏡や浄人がいかに称徳天皇の寵愛を受けようとも、律令制度はある程度順守されていたとみることができる。

これまで見てきたように、称徳天皇の道鏡に対する寵愛の蹉跌となっていたのは藤原仲麻呂と淡路廃帝であった。天平宝字八年九月に藤原仲麻呂が除かれ、弓削御浄朝臣の姓が浄人に授けられた。そして天平神護元年閏一〇月に淡路廃帝が完全に除かれ、その姓がより広い一族に授けられるようになった。ところが、浄人の一等親である子息よりも早く、しかも、淡路廃帝が薨去する以前の天平神護元年正月七日に弓削御浄朝臣秋麻呂《あきまろ》が、従六位下から従五位下に昇叙されている。

秋麻呂の元の位が従六位下であるから、この時以前に出身していたはずである。このことから、彼が弓削御浄朝臣の姓を授かったのはそれ以前で、浄人の改姓と同時であった可能性が高い。一方、天平神護二年一〇月一九日条では弓削御浄朝臣塩麻呂《しおまろ》が、正六位上から従五位下に昇叙されている。これは淡路廃帝薨去後のことであるが、この時の彼の位が秋麻呂よりも二階高いことから、彼も浄人と同時に朝臣の姓に改姓された可能性がある。

それでは、秋麻呂と浄人の関係はどのように推定するべきであろうか。

　儀制令五等親条によると、親族は五等に分類されている。一等親は父母・養父母・夫・子、二等親は祖父母・嫡母・継母・伯叔父・姑・兄弟・姉妹・夫父母・妻・妾・姪・孫・子婦、三等親は曾祖父母・伯叔母・夫姪・従兄弟姉妹・異父兄弟姉妹・夫祖父母・夫伯叔姑・姪婦・継父同居・夫前妻妾子、四等親は高祖父母・従祖祖父姑・従祖伯叔父姑・夫の兄弟姉妹・兄弟妻妾・再従兄弟姉妹・外祖父母・舅姨《しゅうとおば》・兄弟孫・従兄弟子・外甥・曽孫・孫婦・妻妾前夫子、五等親は妻妾父母・姑子・舅子・姨子・玄孫《やしやご》・外孫・女聟《むすめむこ》となっている。それでは、秋麻呂や鹽麻呂は浄人とどのような等親関係になるのであろうか。

　まず、彼らは浄人の父であろうか。浄人は、天平神護元年段階で先にみたように五〇歳程度で、その父ならば八〇歳程度ということになる。この年齢であれば鳩杖《はとづえ》を賜っている状態であり[11]、新たに任官叙位を受ける年齢ではないだろう。もちろん、浄人の子息は三人が明記されているので、秋麻呂らが浄人の男ではありえない。したがって、彼らは浄人の一親等ではないことになる。

　では、彼らは二親等であろうか。二等親であれば、彼らは浄人の祖父・伯叔父・兄弟の可能性があるが、祖父・伯叔父とすれば世代的に見て高齢にすぎるだろう。年齢的に見れば浄人の兄弟が最もふさわしいが、浄人の兄弟であるということは、同時に道鏡の兄弟でもあることになる。秋麻呂らのその後の昇進状況と比較すると、秋麻呂らと浄人では雲泥の差があり、兄弟とは思われない。よって、二親等でもないと思われる。

では、彼らは三等親であろうか。年代的に見て秋麻呂らは、浄人の従兄弟か異父兄弟とみることができる。ただ、異父兄弟は父系から見れば、同母兄弟よりも一等親下位に位置づけられているが、古代の招婿婚の場合、父を異にしていても幼時は母の下で養育されることが一般的である。よって秋麻呂が浄人の異父兄弟であれば、感情的にはもう少し優遇されてもよいのではないか。三等親とみるならば、秋麻呂らは浄人の従兄弟であったとみることが妥当であろう。もちろんそれは、道鏡の従兄弟でもあるということである。

それでは、四親等・五親等であった可能性はあるのか。これに関して、『延喜式』式部式上所収の郡司条に「凡そ郡司は、一郡に同姓を併用すること得ざれ、若《も》し他姓中に人無くんば、同姓と雖《いえど》も同門を除きて任ずることを聴せ」とある。

郡司は在地において大きな権限を有しており、これは、その権限が特定の一族に集中することを避けるための規定である。ここでは同姓と「同門」という文言が使われている。たとえば同じ弓削連氏を名乗っていても、同門ならば郡司に併用してはならないが、同門ではない弓削連氏であれば、ともに郡司に任用することができる。この同姓と同門の境界をどこで引けばよいのか。

これは平安初期に編纂された『延喜式』に記されたものであるが、同様の規定は奈良時代から存在していたと考えてよい。『続日本紀』文武天皇二年三月九日条に、「己巳に詔すらく、筑前《ちくぜん》宗形《むなかた》・出雲《いずも》意宇《いう》二郡の郡司は、宜しく三等已上の親を連任することを聴すべし」とある。

この詔は本来、郡司は三等親以上の連任を禁止しているが、神郡である宗像・意宇に関しては例外的に連任を認めるというもので、『延喜式』郡司条の意図が文武朝から存在していたことがわかる。そして郡司条と文武天皇二年詔を対比すると、郡司条にある「同門」が三等親以上の親族を指すことは明白である。

一等親の親子関係は、三等親までの親は言うまでもなく強い絆が存在したであろう。二等親の兄弟関係は、天智朝に天智《てんじ》天皇とその弟の大海人皇子《おおあまのおうじ》が共治体制を行ったことや、律令制導入以前のわが国の皇位継承の慣習法が兄弟相承であったこと[12]からも、政治的に強く作用することが認められている。さらに三等親の従兄弟については、兄弟相承が成立する以前に、従兄弟間を横断する同世代内相承の存在が想定されている[13]。このように、同族の中でも三等以上の親は、特別に強固な絆を有していたと言える。

これらのことから、秋麻呂らは浄人と三等の親であったと考えてよい。そして、その他の四人の弓削御浄朝臣を称した女性たちは、四等親以下に疎遠な親族であったとみることができる。さらに、天平神護元年閏一〇月二日までは浄人の三等以上の親、いわゆる「同門」に限って授けられていた朝臣の姓が、四等親以下の者たちへも広く授けられるようになった。それまでは三等親以内の同門が優遇されていたが、淡路廃帝の死によって、一族へと広げられたと思われる。浄人の一族にとって、淡路廃帝の薨去はそれほどまでに大きな事件であった。

2 道鏡の仏教

†出家と受戒

道鏡の出家については、第一章において天平元年頃であろうと推定したが、これは、一般的な優婆塞《うばそく》貢進時の年齢である二六歳を基準として導き出したものである。通説では、道鏡の師は義淵僧正といわれているが、私は幼少期の道鏡が供侍童子として義淵僧正に仕えた際、義淵僧正の弟子となった良弁と知己を得て、その後、良弁を師として出家したと考えた。

横田健一氏は、道鏡全盛期に道鏡自身が良弁を一度も非難していないことを指摘しておられる(14)。私は、その背景に良弁との師弟関係があったのではないかと推測しているが、ともあれ道鏡は義淵僧正の下で仏教と出会ったと考えられる。その出家を天平元年頃と推測したが、道鏡が史料にその名を現すのは、天平一九年の良弁の使僧として、梵網経《ぼんもうきょう》二巻の借用に奔走していることが記された正倉院文書(二四巻一八二)である。

ところが、そこでは「沙弥《しゃみ》道鏡」と記されている。この沙弥というのはどのような立場なのであろうか。正式な僧侶には、政府から僧であることの証明書ともいうべき公験《くげん》(告牒)が発行されることになっていた。『令集解《りょうげかい》』僧尼令の任僧綱条の令釈および准格律条の讃説に引用されている養老四年一月四日格によると、次のように記されている。

養老四年二月四日格、問うに、大学明法博士越知直広江《おちのあたいひろえ》等、答えるに、凡僧尼は公験を給う、其の数は三つ有り、初めて度して給うは一、受戒して給うは二、師位を給う

は三、給う毎に旧を収めよ、

得度して一つ目に給うのは度牒《どちょう》もしくは度縁《どえん》と呼ばれるもので、これによって沙弥・沙弥尼と称されるようになる。二つ目に給うものが戒牒《かいちょう》で、これによって比丘《びく》・比丘尼と呼ばれるようになる。三つ目に給うものは俗人の位階に相当する師位《しい》である。(15)

天平一九年に沙弥道鏡と記されていることから、間違いなくこの時までに得度していたことがわかるが、受戒を済ませていなかったこともわかる。この次道鏡が史料にその名を見せるのは、天平宝字六年六月七日付の正倉院文書に収められた牒である（五巻二三八）。この時、道鏡は東大寺の一切経目録を請求させているが、その表記は法師道鏡である。これにより、道鏡は天平一九年以後天平宝字六年六月七日までの一五年の間に受戒したと考えられるが、その間の道鏡について語られた資料がまったくないので、いつ受戒したのかはわからない。

しかし本章1節で示した道鏡没伝によると、「内道場に入り、列し禅師と為る、宝字五年、保良に幸するに従う」とある。(16)このことから道鏡が、宮廷内仏教施設である内道場に禅師として列座したのは天平宝字五年以前のことと思われる。格式高い内道場の禅師になるのであるから、必ずや受戒を終えていたはずである。

このことに関して『南都七大寺年表《なんとしちだいじねんぴょう》』は、道鏡が内道場の禅師となったのは、天平勝宝五年のことであるとしている。『南都七大寺年表』は後代の編纂史料であるが、ほかの事象と齟齬がないことから、これを認めてもよいであろう。すると、それ以前に道鏡は受戒を済ませていたとみることができる。

先述のごとく、道鏡は天平元年ごろ出家したと思われる。すると、一九年近く沙弥のままでいたことになり、孝謙天皇の治世下の天平勝宝五年には受戒を終えていたことになる。そして、道鏡が沙弥として見える天平一九年の二年後の天平勝宝元年には、安倍皇太子が、孝謙天皇として即位する。

後世に伝えられる称徳天皇の道鏡寵愛の様子から、孝謙天皇の即位直後、称徳天皇の情状によって受戒を終えたとも考えられるが、そのためには称徳天皇と道鏡との出会いそのものについて、詳しく検証する必要があるだろう。このことについては、第三章で検証することにしたい。

†道鏡と経巻

道鏡は師とされる良弁の使僧として、天平一九年に経巻の貸借に関わっている。彼がこの時借りた経巻は彼自身ではなく、良弁が借覧を望んだものであろう。その経巻を見ると、正月一五日には梵網経二巻が見える。六月八日には、廻浄論一巻・縁生論一巻・十二因縁論一巻・壹盧迦論一巻・大乗百法明門論一巻・百字論一巻・解捲論一巻・掌中論一巻・取因假設論一巻・観惣相論頌一巻・止観門論頌一巻・手杖論一巻・六門教授習定論一巻と見える。いずれも律令仏教が推進する大乗仏教に関わる経論・経典である。道鏡もこのような経巻に興味を持っていたのであろうか。

天平宝字七年六月三〇日付の正倉院文書（五巻四四七）によると、道鏡は東大寺司《とうだいじし》に対して、十一面経《じゅういちめんきょう》三〇巻と孔雀王呪経《くじゃくおうじゅきょう》一部の写経を依頼している。また、天平宝字七年七月三日付の正倉院文書（五巻四四九）は、写経料紙充用注文である。これは写経に使用する紙を請求した文書で、八件の経巻の写経が八人の写経生によって写経されたことがわかる。

その末尾には「以前、弓削禅師の去る六月三〇日の宣により、写し奉ること件の如し」

とある。八件の経巻は孔雀王呪経・大孔雀呪王経・陀羅尼集経第三巻・陀羅尼集王経第九巻・大金色孔雀呪経・仏説金色孔雀王呪経・十一面観世音神呪経・十一面神呪心経であるが、良弁が興味を有した経巻と一致するものはまったくないのである。よって道鏡は良弁を師としながらも、彼独自の仏教を求めていたことがうかがえる。

これらの経巻は、遣唐使が中国から持ち帰ったり、あるいは渡来人が中国や半島から持ち込んだりしたものであろう。道鏡の師筋にあたる義淵僧正も良弁も入唐《にっとう》経験がない。道鏡は、遣唐使や渡来人からこれらの経巻の存在を知り、借覧ないしは写経したものと思われる。ところで、これらの経巻の名称のほとんどに「呪」という文字が入っている。道鏡が好んだのは呪術的な経巻だったのである。[17]

また、没伝によると「略梵文に渉り」とあり、道鏡はサンスクリット語をほぼ習得していたという。道鏡には入唐経験がないため、サンスクリット語も帰国した遣唐使や渡来人から習得したのであろう。古代の僧尼で「略梵文に渉り」と評されるような人物は、道鏡以外には認められないし、習得できる才能がある者も極めて少ない。その意味で、道鏡は極めて優れた才能を有しており、良弁が興味を持った大乗経典、国家仏教が推奨する教学研究にも優れた才能を発揮したと思われる。

そのように優れた才能を持っているのであれば、律令国家仏教の組織の中で、地位を上昇させることもできたであろうが、道鏡は国家仏教が推奨する大乗経典よりも、呪術的な経典に興味を示した。そこには、どのような思惑があったのだろうか。

†道鏡の医学

没伝によると「宝字五年、保良に幸するに従ふ、時に看病に侍して、稍くに寵幸せらる」とある。これは『続日本紀』天平宝字五年一〇月二八日条の「平城宮を改作する為に、暫く近江国保良宮に御す」という記事を指しているのであろう。その時、称徳天皇は病を得て、道鏡が看病したことから、寵愛が始まったという。

古代において僧侶は立派な知識人であり、医薬の心得もあったであろう。事実、『唐大和上東征伝』によると、鑑真《がんじん》が来日の際には多くの医薬を携えてきている。(18) 道鏡に入唐経験はなかったが、僧侶が医薬に詳しい立場にあることは古くから認識されていた。『日本書紀』用明《ようめい》天皇二年四月条によると、次のような記事が見える。

是の日、天皇病を得て宮に還り入りて群臣侍りぬ、天皇群臣に詔して曰く、朕三宝に

帰さんと思欲す、

ここには、病を得た用明天皇が仏教による平癒を期そうとしたとあり、多分に崇仏・排仏論争を誇張した記事であろうと思われる。[19] これは、仏教がわが国に伝来した飛鳥期に、すでに仏教による病気平癒を期すという慣習が存在していたことを示している。

写真６　唐招提寺金堂（奈良市五条町）

それはおそらく、鑑真が請来したような漢方薬による科学的な治療法ではなく、加持祈禱による病気平癒を期すものであったろう。堀池春峰《しゅんぽう》氏が紹介された「宿曜占文抄《すくようせんぶんしょう》」に記された道鏡伝には、天平宝字六年に保良宮で孝謙上皇が病を得た際、「道鏡法師此宿曜秘法を伝授し、勅を奉わりて法に依りて勤修す、御悩平復し玉躰安和也」とある。[20] 道鏡が施した治療は「宿曜秘法」であり、多くの知識人が共有できる科学的な医学治療法ではなかった。よって横田健一氏が指摘されるように「それは仏教の本質にはな」かったものであり、わが国に固有に存在した呪術的信仰と融合したものであったと思われる(21)。

その際の理論的支柱は、仏典に存在した孔雀明王経などの古密関係の経典であった。これがいつわが国に伝来したかを正確に知ることはできないが、奈良時代以前に役小角が孔雀明王経を習得していたとする伝承があることから、それほど遅くはなかったと考えてよい。

道鏡の仏教とは洗練された新来の仏教ではなく、わが国固有の呪術信仰と仏教が融合した呪術仏教だったと言える。このような古密と称される呪術仏教は、わが国社会の基層に存在しており、空海《くうかい》が真言密教を携えて帰朝すると、その教義は平安初期の日本社会にすぐさま歓迎され、大々的に流行した。

†呪術と融合した仏教

先ほど述べたように、道鏡はことのほか呪術に関係した経典に興味を示していた。僧尼令の卜相《ぼくそう》吉凶条には次のように記されている。

凡そ僧尼は、吉凶を卜《うらな》い相《はか》り、巫術して病療《いや》せらば、皆還俗、其れ仏法に依りて、呪

を持して疾を救わんは、禁ずるの限りに在らず、

すべての僧尼はみだりに吉凶を占ったり、呪術によって病を治したりすることは禁じられており、そのようなことをすれば還俗させられることになっていたが、仏法によって理論づけられた呪法を用いることは許されていた。そのため、その呪法を仏教によって理論武装する必要があった。それこそが孔雀王呪経などの呪術経典である。

では律令国家は道鏡の呪術仏教に対して、基本的にどのように対処していたのであろうか。政府の仏教政策は、天武朝頃から積極的に施行される。[22]『日本書紀』天武天皇八年（六七九）一〇月是月条によると、次のような命令が出されている。

是月、勅して曰く、凡そ諸の僧尼は、常に寺内に住み、以て三宝を護れ、然るに或は老に及び、或は病を患い、其れ永く狭き房に臥し、久しく苦老疾《くろうしつ》に苦しむ者は、進止も便ならず、浄地も亦穢《けが》る、是を以て、自今以後、各の親族及び篤信の者に就きて、而して一二の舎屋を間処に立て、老至は身を養い、病みたるは薬を服せ、

これは、政府の関知しない寺院外での、政府が意図しない仏教行為を禁じたもので、やがて養老律令の僧尼令非寺院条へと受け継がれる。僧尼は政府の関知する範囲内においてのみ仏教行為が許されており、道鏡の仏教へとつながる呪術仏教は、むしろ政府の仏教政策に敵対するものとしてとらえられていたと思われる。

僧尼令卜相吉凶条は、僧尼が吉凶を占うことを禁じている。『日本書紀』天智天皇元年（六六二）四月条には次のようにある。鼠が馬の尾に子鼠を生み、僧の道顕《どうけん》がこれを占った。そこで、この現象は北国が敗北し、南国に下ることを意味しているとし、具体的には高句麗が敗北し、日本に降参するだろうと卜した。これは明らかに、僧尼令の卜相吉凶条に抵触する行為であるが、天武朝以後、このような行為はまったく見られなくなる。[23]

僧尼は当代一流の知識人であったがゆえに、政府は、その占いの結果が自分たちの意図に反することを怖れたが、卜占とは科学的なものではなく、あくまで呪術信仰に近いものであった。

道鏡の仏教へとつながる呪術仏教は律令仏教政策上、極めて好ましくない存在であったが、一方でそれは民間に深く浸透していた。呪術仏教を携えた道鏡は、律令政府にとって排除されるべき存在であっただろうが、称徳天皇の寵愛という極めて特殊な状況下で、教学仏教を標榜する律令組織において、法王への階梯を駆け上ってしまった。これは、称徳天皇の寵愛という特殊な状況下に咲いたあだ花と評することができるだろう。

私は道鏡が呪術仏教一辺倒の僧侶であったと断ずるつもりはないが、天平期仏教界の高僧良弁に認められるほどの俊才であったことから見て、教学仏教にも深い造詣を有していたことであろう。この頃の官僧は教学仏教に勤しむべきとされており、律令仏教の建前からすれば、古密や呪術に傾倒する官僧は存在するはずがなかったが、道鏡は教学仏教を修めながらも呪術仏教を習得していた。しかも、入唐経験のない彼はほぼ独学でそれらを習得したのである。彼の没伝にある「略渉梵文《ほぼぼんもんにわたる》」という表現は、その優秀さを如実に語っているといえよう。

注

（1）『延喜式』神名帳によると、河内国若江郡に「弓削神社二座、並大、月次・相嘗・新嘗」と見える。

（2）『新撰姓氏録』左京神別の石上朝臣の項には、「饒速日命之後也」と見える。なお、物部連は天武天皇一三年に物部朝臣に改姓し、そのころ石上朝臣を名乗るようになったと思われる。

（3）尾張連氏や熊野国造が物部氏と同族関係を称していた経緯については、拙稿「熊野国造の源流」（『和歌山地方史研究』三六、一九九九、のち、『古代熊野の史的研究』塙書房、二〇〇四）においてすでに推定している。
(4) 横田健一『道鏡』(吉川弘文館人物叢書、一九五九)の推察による。
(5) 本居宣長『歴朝詔詞解』(『本居宣長全集』七、筑摩書房、一九七一)による。なお、最近では鷺森浩幸『藤原仲麻呂と道鏡』(吉川弘文館、二〇二〇)も、この奏上者を仲麻呂であったとしている。
(6)『日本書紀』神代紀第七段(宝鏡出現段)では、「猨女君の遠祖天鈿女命」と記すが、『古事記』の同伝承では「天宇受売命」と記している。このように、「女」と「売」は混用されることが多い。
(7)『続日本紀』宝亀三年に収める道鏡没伝には「宝字五年、保良に幸するに従ふ、時に看病に侍し稍く に寵幸せらる、廃帝常に以て言を為す、天皇と相い中ることを得ざりき、天皇乃ち平城別宮に還りて居す」とあり、孝謙太上天皇が道鏡を寵愛することに関して、かなり苦情を述べていたことがわかる。
(8) 拙稿「淡路廃帝の死と道鏡」(塚口義信博士古稀記念『日本古代学論叢』、同会、二〇一六)参照。
(9)『続日本紀』天平神護元年閏一〇月二日条には、道鏡を太政大臣禅師にする旨の宣命に続いて、弓削寺に詣でて「太政大臣禅師に綿一千屯を施し」とある。弓削行宮や弓削寺が道鏡一族に有縁の地であることから、同時に道鏡や浄人の一族に破格の待遇がなされたことは想像に難くはないだろう。
(10) 正倉院戸籍における戸主とその嫡子の年齢差分布については、南部昇「古代戸籍より見た兄弟相承」(『史学雑誌』七九‐一一、一九七〇)に詳しい。
(11)『後漢書』礼儀志に、「年始七十者授之以玉杖」とある。ただし、日本で鳩杖を賜る例は、平安時代まで見ることはできない。しかしこの前後の例から見ても、八〇歳を超えて新たな官職や位階を賜ることはないと考えられる。
(12) 拙稿「古代の皇位継承について」(『日本書紀研究』第一一冊、一九七九、のち『古代天皇制史論』、創元社、一九八八)参照。

(13) 拙稿「大化前代の皇位継承法について」(『ヒストリア』一〇一号、のち『古代天皇制史論』、前掲注12)参照。
(14) 横田健一『道鏡』(前掲注4)参照。
(15) 佐久間竜「官僧について」(『日本古代僧伝の研究』)による。なお、それによると、「年分度者は二カ年、臨時度者は三カ年の沙弥の行を練らしめることが必要」とされる。先に道鏡の得度を天平元年頃と推定したが、沙弥の期間が長すぎるようにも思える。今後の課題としたい。
(16) 内道場の成り立ちおよび沿革については、薗田香融「わが国における内道場の起源」(『日本古代仏教の伝来と受容』塙書房、二〇一六)に詳しい。
(17) 横田健一『道鏡』(前掲注4)参照。
(18) 『唐大和上東征伝』(『寧楽遺文』)によると、鑑真は「訶梨勒・胡椒・阿魏・石蜜・蔗糖等語訳余斤」を日本に将来しようとしていたことがわかる。訶梨勒は落葉高木樹でその実は咳止め、胡椒は現在の香辛料であるが血行促進に効果があるという。阿魏は駆虫剤である。石蜜は氷砂糖で蔗糖は砂糖であるが、ともに滋養促進剤と認識されていたと思われる。
(19) 本条が誇張であることについては、拙稿「排仏派の人々」(『古代史の海』九三、二〇一八)に詳述している。
(20) 堀池春峰「道鏡私考」(『芸林』八-五、一九五七)参照。
(21) 横田健一『道鏡』(前掲注4)参照。
(22) 拙稿「天武朝の仏教政策」(『日本書紀研究』三三冊、塙書房、二〇二〇)参照。
(23) 拙稿「天武朝の仏教政策」(前掲注22)参照。

第三章　道鏡と律令国家

1 称徳天皇の即位事情

†空前絶後の女性皇太子

道鏡を寵愛し続けた称徳天皇とは、どのような人であったか。称徳天皇は父を聖武天皇、母を藤原不比等《ふひと》の娘である光明子《こうみょうし》として養老二年（七一八）に生まれた。彼女の兄弟である武智麻呂《むちまろ》（南家《なんけ》）・房前《ふささき》（北家《ほっけ》）・宇合《うまかい》（式家《しきけ》）・麻呂（京家《きょうけ》）の藤原四家は、聖武天皇の治世下で大いに権威をふるうことになる。(1)そこでは彼らの父・不比等の功労も大きかったが、聖武天皇の皇后となった光明子に負うところが大きい。光明子は日本の歴史において、初めて民間から皇后の座を射止めた女性であるから、その父・不比等の権勢をうかがい知れるというものである。(2)

称徳天皇は諱《いみな》を安倍と称した。これは養育氏族が安倍氏であったことに由来すると考えられているが、『続日本紀』は一貫して彼女を高野《たかの》天皇と記している。これは彼女が葬られた御陵が高野山陵であったためであろう。

天武朝以後天平期に至るまで、天武天皇・草壁皇子《くさかべのみこ》の直系親族による皇位継承が続けられ、聖武天皇には皇后光明子との間に某皇子（基皇子とも呼ばれることがある）という男子が生まれていた。(3) 聖武天皇の直系男子であるから、その誕生に天皇は欣喜雀躍《きんきじゃくやく》したことであろう。その証拠に、生まれて間もないこの皇子を神亀四年一一月二日に立太子させている。空前絶後の乳児皇太子であったが、神亀五年九月一三日に薨去している。数え年で二歳であった。生まれ月が判然としないが、満年齢では一歳に満たなかったのではないか。

実は、聖武天皇にはこの皇子のほかにもう一人男子がいた。天平一六年閏正月一一日条によると、「是の日、安積《あさか》親王脚の病に縁りて桜井頓宮《とんぐう》より帰る」とあり、その直後の一三日条で、「薨じぬ、年十七」と見える。(4) このことから、安積親王が生まれたのは某皇子が薨去した神亀五年であったことがわかる。

天武天皇・草壁皇子直系の親族による皇位継承に腐心する聖武天皇であれば、この安積親王を立太子させてもよさそうなものである。先に某親王を誕生直後に立太子させているのであるから、少年皇太子を誕生させてもよいとも思われるが、彼の立太子は実現しなかった。

安積親王の生母は、聖武天皇の夫人である縣犬養広刀自《あがたいぬかいのひろとじ》であったが、安積親王が皇位を

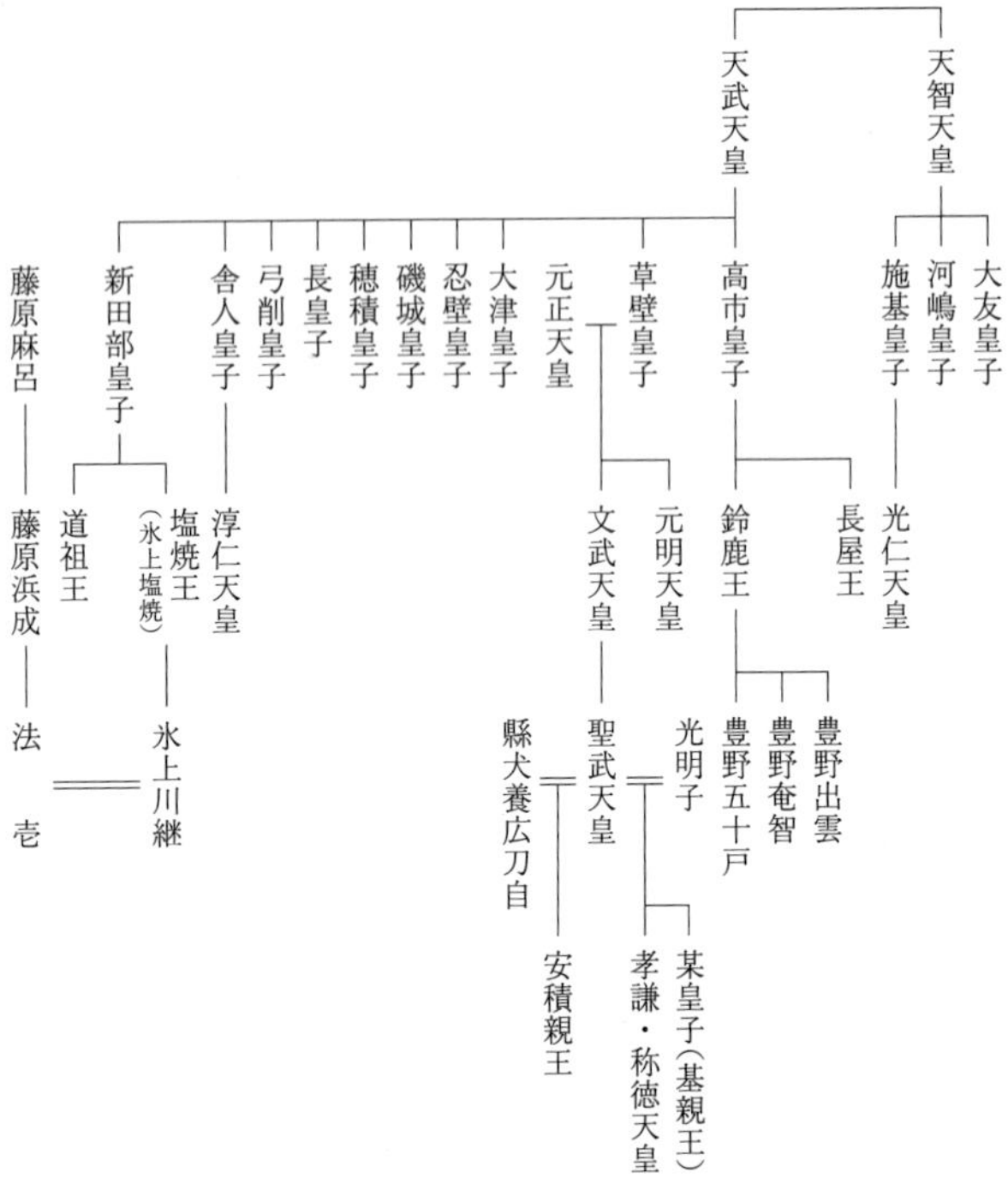
天智天皇
天武天皇
大友皇子
河嶋皇子
施基皇子
光仁天皇
高市皇子
長屋王
鈴鹿王
豊野出雲
豊野奄智
豊野五十戸
草壁皇子
元明天皇
文武天皇
光明子
聖武天皇
某皇子（基親王）
孝謙・称徳天皇
縣犬養広刀自
安積親王
元正天皇
大津皇子
忍壁皇子
磯城皇子
穂積皇子
長皇子
弓削皇子
舎人皇子
淳仁天皇
新田部皇子
塩焼王
（氷上塩焼）
道祖王
氷上川継
藤原麻呂
藤原浜成
法
壱

図１　皇室関係略系図

継承することになれば、外戚としての藤原氏の特権的立場が揺らぐことになる。そのため、光明子の兄弟で高い政治的権威を誇っていた藤原四家は、その立太子をかたくなに拒んだと思われる。

ただ、権勢を誇った藤原四家の当主は天平九年に相次いで病没している。[5] それならば、安積親王は天平一六年まで間違いなく生きているのであるから、立太子が実現してもよさそうなものであるが、それは実現しなかった。よって安積親王の立太子をかたくなに拒んだ張本人は藤原四家の当主たちだけでなく、自らの所生子以外に皇位を奪われたくないと考える光明子であったと考えることができる。

安積親王が生まれた翌年の天平元年、それまでの慣習を破り、皇族でもなく臣下出身の立場で光明子が初めて皇后となり、聖武天皇とともに政治を行うと宣言している。[6] おそらく皇后の権威をもって安積親王の立太子を拒んだのであろうが、光明子はその後も男子を生むことがなかった。そして、光明皇后の最大の後ろ盾であった藤原四家の当主が相次いで病没した翌年、天平一〇年正月一三日に光明子所生の安倍内親王（後の孝謙・称徳天皇）を立太子させてしまう。

†古代最後の女帝

称徳天皇は古代最後の女帝である。周知のとおり、古代には推古天皇・皇極《こうぎょく》天皇・斉明《さいめい》天皇・持統天皇・元明天皇・元正《げんしょう》天皇、そして孝謙天皇・称徳天皇と八代（うち二人が重祚《ちょうそ》しているので、総計六人）もの女帝が即位している。したがって、称徳女帝の誕生は、古代ではそれほど異様なものではないと思われる人も多いであろうが、これは空前絶後に異様なものであった。

皇后制は、敏達《びだつ》朝に私部《きさいちべ》という皇后（当時は大后《おおきさき》と呼称していた）のための経済基盤が整えられ、その地位が確かなものになったと考えられている。(7) そして、その敏達天皇の大后が我が国初の女帝、後の推古天皇である。光明子は皇后となる際、天皇とともに政治を行うと述べており、推古・皇極・斉明・持統の四女帝はいずれも大后の経験があり、(8) 元正天皇は後に天皇号を贈られる草壁皇子の妃であった。(9) これに対して元明女帝は文武天皇の姉で、天武天皇・草壁皇子の直系子孫による皇位継承を実現させるための中継ぎ女帝であったため、生涯独身であった。元明女帝が男性と婚姻関係を結び、男子が生まれればその男子に皇位が渡り、天武天皇・草壁皇子直系子孫による皇位継承が危うくなってしまうからである。(10) もちろん上述の女帝たちのうち、持統・元明・元正の三女帝は天武天皇・草壁皇子直系親族による皇位継承実現のため、中継ぎ女帝として緊急避難的に即位したのであるから、龍泉の時代に立太子はされていない。

なお、古代最後の女帝であった称徳女帝に次ぐ女帝は、江戸時代の一〇九代明正《めいしょう》天皇(在位一六二九〜四三)と一一七代後桜町《ごさくらまち》天皇(同一七六二〜七〇)である。二人とも、先帝から突然の譲位を受けて即位しているが、立太子はしていない。よって、安倍内親王は空前絶後の女性皇太子ということになる。

安倍内親王の立太子は、光明皇后の強烈な主張のもとに実現したと考えられる。天平一〇年といえば前年に藤原四氏の当主が揃って病没し、一一歳の安積親王は健在であった。聖武天皇は光明皇后の言うがまま、おとなしく見守っていただけなのだろうか。

繰り返すが、天武朝から天平期にかけての時代は天武天皇・草壁皇子直系親族による皇位継承がかたくなに守られていたため、安倍内親王の立太子は空前絶後のことであった。しかし彼女は女性ではあったものの、間違いなく天武天皇の直系親族で、聖武天皇はこれをもって、安倍内親王の立太子を承諾したのではないかと思われる。

安倍内親王は皇太子となり、その後、孝謙天皇として即位するが、彼女の最大の役目は、天武天皇直系の親族に皇位を無事届けることであったことは間違いない。それゆえ、元明女帝と同様に独身を守ることが義務付けられていたはずで、道鏡をいくら寵愛しようとも、同衾することも、ましてや淫猥にふけることもなかったとすべきであろう。

†度重なる事件

養老二年生れの称徳天皇は、天平元年には一二歳になっていた。その年の二月一〇日、左京の人従七位下漆部造《ぬりべのみやつこ》君足《きみたり》らが、左大臣正二位長屋王が国家を傾けようとしていると密告した。その日のうちに式部卿従三位藤原宇合らが遣わされ、長屋王の屋敷を取り囲み、尋問の末、一二日に長屋王は死をたまわった。

この長屋王事件の直後、八月一〇日に光明子が立后されている。そのため、光明立后に難色を示していた長屋王を、藤原氏が排除したと考えられている。(11) しかし一二歳であった彼女に、そのような裏の事情は理解できなかっただろう。長屋王は聖武天皇の祖父・草壁皇子の異母兄である高市皇子《たけちのみこ》の男子で、聖武天皇の父・文武天皇とは従兄弟同士の間柄である。しかも左大臣として聖武朝初期の政治を支え、父の聖武天皇が最も信頼していた人物であり、彼女自身、同じ皇族であることから親しみを感じていたのではないか。その長屋王が一転して謀反を企てたのであるから、彼女も動転したであろう。

その後、藤原四家の当主が相次いで病没すると、橘諸兄《たちばなのもろえ》が政権の中枢に座ることになる。諸兄は天武朝に大宰帥を務めた美濃王《みののおおきみ》の子息で、臣籍降下して橘宿禰を名乗っていたが、大宰の大弐に任じられていた藤原宇合の子息の広嗣《ひろつぐ》が九州で反乱を起こした。父の病没さえなければ、自分はもっと厚遇を受けていたはずだと考えたのであろう。[12] 称徳天皇と広嗣は従兄妹同士の間柄であったから、このことにも彼女は動転したであろう。

広嗣に羨望された橘諸兄は、高齢のため天平勝宝八年二月二日に致仕し、その後は称徳天皇の生母・光明皇太后が信を置く藤原仲麻呂が政治の中枢に位置した。しかし、父の諸兄の下で厚遇を受けていたその子息の橘奈良麻呂《ならまろ》が父の致仕の翌年、天平勝宝九年七月四日に、打倒藤原仲麻呂を叫んで反乱を企てた。[13]

そしてその仲麻呂さえ、天平宝字八年九月一一日に謀反が発覚し、誅滅されてしまう。[14] これらの人々は天皇とその政府に対して、当初は忠節を尽くしていたが、政治的立場の変化により、手のひらを返したかのように反逆者になってしまった。この間、最も信頼していた父の聖武天皇は天平勝宝八年五月二日に崩御し、母の光明皇太后も天平宝字四年六月七日に泉下に赴いている。

彼女はそれほどの人生経験を積むこともなく、二一歳で空前絶後の女性皇太子となる。宿命とはいえ、伴侶を持つことも許さず、最も頼りにしていた父母と死に別れた。その間、彼女は相次ぐ事件を経験する。当初は彼女に忠誠を誓っていた人物が突然、反逆者となり、その叛逆には多くの与党が存在していた。彼女はこれらのことから、極めて猜疑心の強い性格にならざるを得なかった。

†詔から見たその心境

彼女のそのような心境を如実に表している詔が、『続日本紀』に記されている。この詔が具体的に何を主張しているのかは即座にわからないが、その二日後、橘奈良麻呂の謀反が発覚することから、そのような動きを察知して発せられたのかもしれない。(15) 天平勝宝九年七月二日条には、次のように記されている。

詔して曰く、今宣りたまわく、頃者《このごろ》王等・臣等の中に、礼無《いや》く逆《さかしま》に在る人ども在りて計りけらく、大宮を囲まんと云いて、私兵備うと聞看《きこしめし》て、かえすがえす所念《おもえ》ども、誰《たが》奴《やっこ》が朕が朝《みかど》を背きて、然する人の一人も在らんと所念《おもお》せば、法の随に治め賜わず、雖然《しかりといえ》ども一事を数人重ねて奏し賜えば、問い賜うべき物にやは在らんと所念ども、慈政は行うに安くして、此の事は天下の難き事に在れば、狂《たぶれ》れ迷える頑なる奴の心をば慈み悟し正し賜うべき物在りと所念看せばなも、此の如く宣り給う、此の状を悟りて、人の見咎むべき事わざなせそ、此の如く宣りたまう大命に従わず在らん人は、朕一人極めて慈み賜わんとも、国法已むを得ざることに成りなん、己が家家己が門門祖の名失わず、勤しみ仕え奉れと宣りたまう天皇の大命を、衆聞こしめせと宣りたまう、

やはり宣命体で記されており、発せられた詔をそのまま掲載したものと思われる。箇条書きに要約すると、次のようになる。

①王臣のなかに、謀反を企てている者がいるということである。
②私はそのようなものがいるとは思ってもいなかった。
③しかし、多くの者が、そのような者がいると奏上してきた。
④だから、問いたださなくてはならなくなった。

⑤私は仁政を行い、法によってそのような者を罰したくはなかった。
⑥しかし、謀反は国家の安危にかかわる問題である。
⑦だから、そのような者をやむを得ず法で裁かなくてはならないだろう。
⑧謀反を企てている者は、心を改めて、精勤するようにしてほしい。

誰が謀反を企てているのか、本当にそのような者がいるのか、思い悩む称徳天皇の心情がうかがえる。そしてその二日後、橘奈良麻呂の謀反が発覚し、猜疑心にさいなまれていた彼女の前に道鏡が出現する。続いて、彼女と道鏡との出会いを見ることにしよう。

2 称徳天皇との出会い

†出会いの時期

道鏡の受戒時期を第二章の2で考察した際、孝謙天皇として即位した天平勝宝元年頃の可能性もあることを指摘した。道鏡の政治的立場をすべて彼女が演出していたかのように見えることから、そのような理解も成り立ちうるが、道鏡の政治的立場の変化を、『続日本紀』が初めて語るのは、天平宝字七年九月四日のことである。[16]

道鏡は大臣禅師・太政大臣禅師・法王と、あたかも彼女に演出されたかのようにその立場を上昇させるが、それ以前も孝謙天皇の治世下であったにもかかわらず、道鏡に触れるような史料は一つも残っていない。よって二人が出会ったのは、天平宝字七年九月四日をそれほどさかのぼらない時期であったと考えることができる。

先に引用した道鏡没伝には「宝字五年に保良に幸するに従う」とあり、「時に看病に侍して、稍く寵幸せらる」とも見える。よって保良宮に道鏡が同道し、彼女が病を得たためその看病禅師を務めたことが二人の出会いであると考えられる。それでは、保良宮行幸に際して彼女が道鏡の同行を命じたのであろうか。

保良宮への行幸出発は、『続日本紀』によると天平宝字五年一〇月八日のことで、この行幸に道鏡はたしかに同道していたが、行幸出発の時点で称徳天皇は道鏡の存在そのものを認識していなかったのではないか。[17]『南都七大寺年表』によると、道鏡はこれより以前の天平勝宝五年に内道場の禅師に列せられており、事務的にこの行幸への同道を命じられたに過ぎなかったと思われる。それゆえ天平宝字五年・六年に道鏡に関する記事は皆無なのであろう。

保良宮で淳仁天皇と孝謙上皇が不和となり、彼女は天平宝字六年五月二三日、保良宮から平城京の法華寺に帰った。したがって道鏡が彼女を看病したのは、天平宝字五年一〇月八日から同六年五月二三日のことであろうが、保良宮に到着早々彼女が病を得て、道鏡の看病を受けたということもないだろう。

彼女の発病が、保良宮到着早々であるとするならば、そもそも彼女は行幸に参加しなかったと思われるし、彼女が保良宮を去る直前に病を得たとも考えられない。没伝には、彼女が道鏡を寵愛することに対して「廃帝常に言を為し、天皇と相中ることを得ず」と記されている。道鏡の看病を契機として上皇がはなはだしく寵愛することを、淳仁天皇が諫言《かんげん》したことによって上皇と天皇が不和になった。ここに「廃帝常に言を為し」とあることから、淳仁天皇の諫言は重ねて行われたことがわかる。このことから、上皇が病を受けて道鏡の治療を受けたのは、彼女が保良宮を去る数カ月前のことであったとみるべきであろう。

†聖武天皇の看病禅師

先にも述べたとおり道鏡は保良宮行幸に、内道場の看病禅師として事務的に参加させられたに過ぎなかったと思われるが、上皇が病を得たことにより、接触を持つことになる。

上皇はなにゆえに、道鏡を寵愛することになったのであろうか。太上天皇が最も尊敬する父の聖武太上天皇は、天平勝宝八年五月二日に崩御している。同月二六日には、「先帝陛下（聖武太上天皇）のために看病禅師一百廿六人を屈請《くつしょう》する者、宜しく当戸の課役を免ずべし」と見える。聖武天皇のため、看病禅師として労を尽くした一二六人の優遇措置が記されている。

横田健一氏は聖武天皇・孝謙天皇がたびたび、看病禅師を用いていたことを指摘しておられる(18)。すでに内道場の禅師に列していた道鏡は、この一二六人の看病禅師の中にいたのではないかと思われる。天平宝字六年一二月一四日付の『正倉院文書』（四巻一九二）で欧《おう》陽詢《ようじゅん》真跡屛風を東大寺に貸し出す際の書類に道鏡が署判を加えているが、その際の肩書が禅師であったことからも、この推測は十分に成り立つであろう。

道鏡は、聖武太上天皇の看病の状況や崩御の様子を上皇に語り得る立場にあった。父の聖武太上天皇を尊敬してやまない上皇にとって、それはまたとない話題であったに違いない。

熊野直広浜《くまののあたいひろはま》という女性が、称徳朝に他に例を見ないほどの出世を果たしている。彼女は神護景雲三年四月六日条の卒伝によると、「散事従四位下牟婁采女熊野直広浜卒す」とあることから、紀伊国牟婁郡から献上された采女《うねめ》であったことがわかる。(19) 畿外地方豪族の子女が従四位下まで出世しており、天平宝字五年六月二六日に、光明皇后の一周忌法要への参加者として褒賞されている。

称徳天皇は、父聖武天皇と母光明皇后を極めて尊敬していた。度重なる謀反事件の中でも、血を分けた両親こそが自分の信ずべき存在であると思っていたのであろう。広浜はその信ずべき光明皇后に仕えた采女で、上皇とともに光明皇后の思い出を語ることのできる数少ない宮廷人だった。先に述べたように称徳天皇は猜疑心にさいなまれていたが、地方豪族から献上された采女である広浜は、どれほど策謀を巡らそうとも、謀反などたくらむような存在にはなり得なかった。それゆえ、彼女は安心して広浜に接することができたのであろう。

それと同様に道鏡もまた、最も尊敬する父である聖武太上天皇の思い出をともに語ることのできる存在だった。道鏡は物部氏の一族であったものの、その傍流氏族であり、謀反を企てるほどの大豪族の出身ではなかったため、彼女が安心して接することのできる人物だった。

†寵愛の始まり

上皇が保良宮を去った天平宝字六年五月二三日の数ヵ月前、上皇と道鏡の出会いがあったと思われる。『宿曜占文抄所引道鏡伝』は、その時期を天平宝字六年四月のこととしている。[20] 先の考察から見てこれは妥当であると思われ、この時から上皇による道鏡への寵愛が始まり、淳仁天皇はそのことを上皇に諫言したことになる。しかし、道鏡が寵愛の成果としてその立場を大きく変えるのは、天平宝字七年九月四日のことである。『続日本紀』は次のように記している。

詔を宣して曰く、少僧都慈訓法師、政を行うに理に乖けり、綱為るに堪えず、宜しく其の任を停めて、衆の議する所に依りて道鏡法師を少僧都と為せと、

道鏡はこの日、僧綱の幹部に抜擢された。この記事が『続日本紀』が語る道鏡の初見記事である。この直後の天平宝字八年四月一八日付の『正倉院文書』（一六巻六七〇）は経巻を東大寺から内裏に移動するための文書であるが、その中で「少僧都道鏡の宣に依り」と

明記されている。弱小豪族の出身としては大抜擢といえるだろう。

上皇と道鏡の出会いからこの大抜擢に至るまでに一年五ヵ月近くを要した。先に推測したように、上皇が道鏡を寵愛する根源が最愛の父・聖武天皇の思い出をともに語ることにあったとするならば、二人の出会いと同時に寵愛が始まったはずであるが、それが道鏡の立場に反映されるまでになぜ、これほど時間がかかったのか。

二人の出会いと同時に上皇の寵愛は始まった。それゆえに淳仁天皇は上皇に諫言し、二人の出会いから約ひと月ほどで上皇と天皇の不和が生じる。よって、上皇がその寵愛を道鏡の立場に反映させることに対して、何らかの障害があったと考えるべきであろう。

僧綱に任じられる者は入唐経験がある、大豪族の出身であるなど、渡来系氏族の出身で代々僧侶として実績のあるケースがほとんどである。(21) 道鏡はそのどれにも該当しない存在であり、その生得的立場が障害になったであろうことは想像に難くない。

しかし、それ以上に障害があったと思われる。道鏡が少僧都に任命される前提として、現任の少僧都を更迭しなければならず、その時の少僧都は慈訓であった。慈訓は「少僧都慈訓法師、政を行うに理に乖けり、綱為るに堪えず」と、あからさまな批判を受けて更迭されている。

しかしこの批判が的を射たものではないことは、衆目の一致する所であろう。宝亀元年八月四日に称徳天皇が崩御すると、その直後の二一日に道鏡は左遷される。さらにその直後の二六日、慈訓は少僧都に復職している。よって、慈訓はそれほどまでに少僧都に適任の人物であったことになる。

上皇は道鏡を僧綱に位置づけたかったのであろうが、そのためには僧綱の任にある誰か一人を更迭しなくてはならなかった。それは最初から慈訓を目標にしたものではなかったかもしれず、何でもよいから、僧綱の任にあるもののうち一人を更迭するための理由付けが必要だった。理由付けを見つける、言い換えればあら捜しをするために一年五カ月もの時間が必要だったのであろう。

3　藤原仲麻呂の乱と淳仁天皇廃帝

†淳仁天皇の登場

淳仁天皇は諱を大炊王《おおいおう》といい、天武天皇の親王である舎人親王《とねりしんのう》の七男として生まれた。

母は大和の名族当麻老《たいまのおゆ》の娘・当麻山背《やましろ》で天平五年に生まれた。しかし、その直後の天平七年に舎人親王が薨去したためであろうか、長らく政治の表舞台に現れることがなかった。その彼が一躍表舞台に登場するのは天平宝字元年、彼が二三歳の時のことであった。

前年の天平勝宝八年に聖武上皇が崩御するに際して、孝謙天皇の後継ぎとして新田部親《にいたべしん》王《のう》の子息である道祖王《ふなどおう》の立太子を遺詔した。聖武天皇の愛娘孝謙天皇の即位は天武天皇・草壁親王の直系を維持しようとする律令制度に依拠する聖武天皇の強い意志と、藤原氏の外戚政策が合致したことによる。[22]

しかし女帝孝謙天皇は未婚であったため、後継ぎが不在であった。聖武上皇はその崩御に際し、後顧の憂いを絶つため、継嗣を指名したと考えてよいだろう。[23] 天武天皇から孝謙天皇に至るまでの皇室は女帝が多かったため、継嗣とすべき男子皇族を天武天皇が儲けた一〇人の親王たちの血筋に求めることは当然の処置であった。

藤原氏とその血を引く光明皇太后や孝謙天皇、藤原仲麻呂たちは突然、聖武上皇の遺詔の中に登場した道祖王の存在に驚いたであろうが、それが上皇の遺詔であれば順守しなくてはならない。おそらく、降って湧いたような継嗣の存在にあわてたことであろう。それゆえ、天平宝字元年三月に道祖王は廃太子され、その翌月に大炊王が立太子した。

道祖王も大炊王も天武天皇の親王の子であり、血族としての立場は大同小異であるが、そこには決定的な縁故の差があったものと思われる。大炊王との婚姻関係が明白な女性は粟田諸姉《あわたのもろね》ただ一人であるが、彼女はかつて藤原仲麻呂の長子真従《まより》の妻であった。真従が天平勝宝元年直後に早世しているので、彼女は大炊王に再嫁したことになるが、再嫁の時期はいつであろうか。諸姉は淳仁天皇即位と同時に従五位下に叙せられていることから、それ以前に婚姻関係が成立していたと考えるべきであろう。

天武天皇所生の親王たちは、草壁親王直系の皇統を脅かすものとして政治からは遠ざけられており、その子は政治の舞台に上がることもなく、片隅に追いやられていた。道祖王も大炊王もそれに関しては同様であっただろうが、まったく無関心であった道祖王が聖武上皇の遺詔により、いきなり政治の舞台の中央に躍り出てきた。何の準備もなかった藤原氏とその関係者はあわてたことであろう。道祖王を廃太子するにしても、未婚の女帝孝謙天皇の継嗣の準備ができない限り、際限なく廃太子を繰り返さなくてはならないことになる。

道祖王を廃太子するためには、藤原氏とその関係者に好都合な継嗣を探す、あるいは探して見つからないならば、造らなくてはならなかった。そして、大炊王を都合のよい継嗣とするために利用されたのが、仲麻呂の早世した子息真従の寡婦・諸姉であったと思われる。よって大炊王と諸姉の婚姻は、仲麻呂が道祖王に代わる継嗣を探す必要が生じた、道祖王立太子直後のことであったと考えてよいだろう。道祖王と大炊王の決定的な縁故の差は、このようにして作られた。

仲麻呂は諸姉と大炊王の婚姻を画策し、仲麻呂と諸姉の嫁舅の関係から大炊王を自邸で起居させ、約一年間をかけて、藤原氏とその関係者に都合のよい継嗣候補に仕上げた。即位にいたる約一年間は、文字通り仲麻呂邸の食客であったと思われる。(24)

そして仲麻呂の掌中で都合のよい継嗣であることを確認した上で、道祖王の廃太子と大炊王の立太子に踏み切った。この時点では、それまでまったく政治的な不遇に甘んじていた大炊王も、もちろん満足であっただろう。このように見ると淳仁天皇は終始、仲麻呂の自家薬籠中であったようだが、即位後の言動を見ると、決してそうではなかったように思われる。

仲麻呂の乱と淳仁天皇

天平宝字年間の政治を語る時、「孝謙上皇と道鏡」対「淳仁天皇と仲麻呂」、という対立構図が常に想起されるが、この対立構図は天平宝字年間を通じて不動であったのだろうか。
天平宝字三年五月九日、淳仁天皇は臣下に広く意見を求めた。同年六月二二日、それに対して石川年足《としたり》・文屋智奴《ふんやのちぬ》・僧慈訓・氷上塩焼《ひかみのしおやき》・山田古麻呂《こまろ》等が奉答し、意見が採用された。

岸俊男氏は、これら四人がいずれも仲麻呂に追随する立場の人物であったとしている。[25]
塩焼は仲麻呂の乱に際して行動をともにしていることから、そのように見ることもできるだろう。しかし年足や智奴は、仲麻呂の乱以後も称徳天皇治世下で順調な活動を行っており、仲麻呂の追随者と断定することはできない。淳仁天皇はむしろ、仲麻呂派であるか否かに拘泥することなく、政治を行おうとしていたと考えられる。

このように考えると、淳仁天皇は常に仲麻呂の自家薬籠中のものだったのだろうかという疑問が生じてくる。[26]また、道鏡は孝謙上皇の寵愛を一身に受けていたが、宮廷内における立場は不変だったのだろうか。私がこのような疑問を感じるのは、仲麻呂の乱が発覚した当日の淳仁天皇の動向に、些細な疑問を有するからである。『続日本紀』天平宝字八年九月一一日条は、その様子を次のように記している。

乙巳に、太師藤原恵美朝臣押勝《えみのあそんおしかつ》逆謀して頗る泄《も》れぬ、高野天皇少納言山村王《やまむらおう》を遣わして、中宮院の鈴印を収めしむ、押勝之を聞きて、其の男訓儒麻呂《くすまろ》等をして邀えて之を奪わしむ、天皇授刀少尉坂上苅田麻呂《さかのうえのかりたまろ》・将曹牡鹿嶋足《おしかのしまあし》等を遣わし、射ちて之を殺す、

これによると孝謙上皇は仲麻呂謀反の報に接するや、即座に少納言山村王を中宮院に派遣し、鈴印を確保させている。これはおそらく反乱軍の軍事行動を制するためで、中宮院は淳仁天皇の御座所であるから、鈴印は淳仁天皇が管理していたことがわかる。仲麻呂の動向を注視しながらも、この時まで鈴印を淳仁天皇に管理させていた。このことから、上皇は淳仁天皇が謀反に加担するとは考えていなかったと思われる。天皇は、派遣された山村王に素直に鈴印を差し出した。もしかしたら、この時点で天皇は仲麻呂謀反のことを知らなかったので、素直に差し出したのかもしれない。

ところが、仲麻呂の子息の訓儒麻呂はその鈴印を山村王から奪取した。これに対し、上皇は苅田麻呂等を遣わし、訓儒麻呂を射殺して鈴印を再び確保している。この場合、まず文官の山村王が派遣され、闘争となったため、改めて武官の苅田麻呂らが派遣されたと考えるべきだろう。

訓儒麻呂は平城宮の中宮院から、父の仲麻呂のもとを目指す途中で射殺されたのである

う。ところが、この過程で訓儒麻呂は淳仁天皇の確保に努めた様子もなければ、淳仁天皇も動座しようとした気配さえない。岸俊男氏は、仲麻呂が淳仁天皇を確保できなかったために、仕方なく塩焼王を天皇に擬したとされる。(27)しかし、訓儒麻呂が山村王から鈴印を奪取し、苅田麻呂が派遣されるまでの間に、天皇を確保しようとした気配は感じられない。すなわち、もはや仲麻呂にとって淳仁天皇は、鈴印以上の存在ではなかったのである。

仲麻呂の乱において、淳仁天皇は仲麻呂側からは、蚊帳の外に置かれた存在であったといえる。仲麻呂と淳仁天皇のこのような関係は、いつ頃から生じたのであろうか。天平宝字三年に、仲麻呂の本拠地である近江に保良宮の造作を命じ、同五年一〇月一三日に保良宮に行幸しており、この時、孝謙上皇も同道している。そして同月二八日、平城宮改作を理由に、天皇は保良宮で政務をとることを宣言している。この時点まで、孝謙上皇・仲麻呂と淳仁天皇は蜜月関係にあったと考えてよいであろう。

†孝謙上皇と淳仁天皇の不和

一方、保良宮に同道した孝謙上皇は病気に罹った。『続日本紀』宝亀三年四月七日条の道鏡没伝によると、その看病を担当したのが道鏡であったという。さらに、『宿曜占文抄所引道鏡伝』によると、その時期は天平宝字六年四月のことであったことがわかる。また、前掲の道鏡没伝によると、道鏡を上皇が寵愛することを淳仁天皇が諌言したため、上皇と天皇の不和が表面化したと述べられている。『続日本紀』天平宝字六年五月二三日条によると、上皇が天皇に怒って保良宮を去り、平城京の法華寺に入るのはその日のことである。したがって淳仁天皇の諌言は、同年四月からこの日までの間にたびたびなされたのであろう。

写真７　法華寺（総国分尼寺・奈良市法華寺町）

　ところで、淳仁天皇の諌言は、政敵道鏡の存在を恐れる仲麻呂の指図で、孝謙上皇から道鏡を遠ざけるために行われたと考えられがちである。[28]後の道鏡の専横振りを参考にすればこれは納得できる見方で、横田健一氏も、淳仁天皇は仲麻呂のロボットだったと評しておられるが、仲麻呂は時の太師（太政大臣）で、一介の看病禅師に過ぎない道鏡など歯牙にもかけなかったのではないか。むしろ、孝謙上皇が一介の看病禅師にうつつを抜かしてくれていた方が、仲麻呂にとっては都合がよかったのではないか。淳仁天皇の諌言は仲麻呂の指図ではなく、天皇の皇室を思う純然たる気持ちからなされたものであろう。

その結果、孝謙上皇と淳仁天皇の不和が表面化した。ここで注目すべきは、上皇は先述の如く法華寺《ほっけじ》に入ったが、天皇も保良宮を去り、平城宮中宮院に入っていることである。淳仁天皇が仲麻呂の自家薬籠中のものであったとするならば、仲麻呂の掌中にある保良宮に残り続けたはずであるが、天皇はそれをせずに保良宮を去った。仲麻呂にしても、上皇と不和になった天皇はもはや利用価値のない存在だったのである。仲麻呂と淳仁天皇の蜜月関係は、天平宝字六年五月二三日に終止符が打たれたと考えるべきであろう。

それでは、仲麻呂と孝謙上皇の関係はどのようなものだったのだろうか。淳仁天皇の諫言が仲麻呂の指図によるものでなかったとしたならば、上皇の怒りは仲麻呂には向かなかっただろう。事実、仲麻呂が進める新羅《しらぎ》遠征計画は、天皇・上皇の不和が表面化した後も、変わりなく続けられていたが、天平宝字七年八月一八日に新羅遠征の兵員・船舶の調達のために設けられた山陽道・西海道の節度使《せつどし》は、旱魃《かんばつ》を理由に廃止されている。この時点で仲麻呂は節度使の廃止を、天災による一時的なものと理解していたのかもしれない。

しかし、その直後の九月四日に少僧都慈訓が退けられ、代わって道鏡が少僧都に任じられた。もはや道鏡は一介の看病禅師ではなく、僧綱の一角に足場を有する官僚僧になった。

天平宝字五年四月以来の上皇と道鏡の関係は、あくまでも病人と看病禅師というものに過ぎなかったが、この時から政治の表舞台に持ち出されたことになる。仲麻呂にしてみれば、歯牙にもかけなかった看病禅師が、上皇と密接な関係を有する官僚僧となったことを認めざるを得なくなった。

しかも、新羅遠征のために設けられた最後の東海道節度使までもが、天平宝字八年七月一七日に廃止されてしまった。この時は旱魃等の理由もなく、あっさり廃止された。ここにいたって、仲麻呂の主唱した新羅遠征は上皇の手によって頓挫させられ、上皇と仲麻呂の政策方針に明らかな齟齬のあることが表面化した。この時、仲麻呂は自分の立場に危機感を覚え、上皇に対抗する軍備を備えようとした。その成果が、天平宝字八年九月二日条にみえる仲麻呂の都督四畿内・三関《さんげん》・近江・丹波・播磨《はりま》等の兵事使任命であろう。しかし、仲麻呂は政略家であっても軍略家ではありえず、辞令によって机上で軍事を掌中に収めても、それは書類上のことに過ぎなかった。兵たちは仲麻呂の意志のとおりに動くことなく、仲麻呂は敗死してしまう。

以上でみてきたとおり、天平宝字元年から同五年まで上皇・天皇・仲麻呂は蜜月関係にあったが、同五年四月に上皇が道鏡を寵愛し始めたことにより、最初に淳仁天皇が蚊帳の外に追いやられた。仲麻呂と上皇の関係はそれ以後、天平宝字七年九月の道鏡小僧都就任まで平穏であったが、天平宝字八年七月に決定的な齟齬をきたし、九月の内乱へといたった。この経緯により、早くに蚊帳の外に追いやられた淳仁天皇が、仲麻呂の乱に関与することはなかったと理解するべきであろう。

†淡路廃帝とその死

これまで述べてきたように、淳仁天皇は仲麻呂の乱に何ら関与していなかったものと思われる。しかし、『続日本紀』天平宝字八年一〇月九日条の孝謙上皇による淳仁天皇廃帝の詔には、次のように記されている。

今帝として侍る人を此年ころ見るに、其位にも堪えず、是のみにも在らず、今聞に仲麻呂と同心して窃かに朕を掃わんと謀りけり、

とあり「聞いたところによると」という極めてあいまいな理由である。淳仁天皇が仲麻呂と与《くみ》したことを理由に淡路に退かされた。しかも、それは「今聞に」

と与したとする明らかな証拠は提示されていなかったのである。事実は、先に記したように、淳仁天皇は仲麻呂からは蚊帳の外に置かれていたのである。

仲麻呂の乱の論功行賞は、即座に華々しく行われた。連座する者の記事によると、仲麻呂の首級が平城京に伝送されてきた同年九月一八日、仲麻呂の血縁者が処分され、同年九月二〇日に美濃少掾正六位上村国連嶋主《むらくにのむらじしまぬし》が誅殺されたとある。その後に続くのが一〇月九日の淳仁天皇廃帝であるが、少し間隔が開きすぎている。これらのことから、淳仁天皇廃帝は、仲麻呂の乱にことよせてなされたと思われる。

それでは仲麻呂の乱にことよせてまで、なにゆえに淳仁天皇を廃帝する必要があったのだろうか。乱の終息から廃帝に至るまでの過程でひときわ目を引くのは、九月二八日の道鏡の大臣禅師就任である。かつて、道鏡を看病禅師として上皇が寵愛したことを諫言した淳仁天皇であれば、その道鏡を大臣禅師にすることに猛烈な反対意見を呈したことであろう。これはあくまでも推測であるが、天平神護元年の称徳天皇の和歌浦《わかうら》行幸とその前後の状況を見ると、あながち推測として片付けることはできない(29)。

称徳天皇は和歌浦に行幸しているが(30)、それに先立ち、九月二一日に大和・河内・和泉《いずみ》に行宮を造らせている。これは和歌浦行幸のためとはいいながら、当初から大和・河内・和泉をめぐることが目的であったことを示しており、一〇月一日には「固守三関」を行わせている。行幸そのものが軍事的緊張を催すものであり、畿外行幸に際してはその都度講じられた措置であろうが、この時の和歌浦行幸の陣容を見ると、この和歌浦行幸における軍事的緊張はただならぬものであったことが感じられる。行幸出発の一〇月一三日条にその陣容が次のように発表されている。

写真８　淳仁天皇陵（あわじ市賀集）

> 正三位諱御前次第司長官、従五位下多治比真人乙《おと》麻呂《まろ》を次官と為す、正四位下中臣朝臣清麻呂《きよまろ》を以て御後次第司長官と為す、従五位藤原小黒麻呂《おぐろまろ》を次官と為す、各判官二人・主典二人、正四位下藤原朝臣縄麻呂《なわまろ》を前騎兵将軍と為す、正五位上安陪《あべの》朝臣《あそん》毛人《えみし》を副将軍と為す、従三位百済《くだら》王敬福《きょうふく》を御後騎兵将軍と為す、従五位下大蔵忌寸《いみき》麻呂《まろ》を副将軍と為す、各軍監三人・軍曹三人、

前後の次第司は行幸をプロデュースする役目を担い、大規模な畿外行幸であれば不可欠な存在であろうが、それに加えて前後の騎兵将軍が任命されていることが注目される。壬申乱以後のわが国における戦闘において、騎兵がその趨勢を決するものであることは広く知られている。(31) 称徳天皇の和歌浦行幸は、前後を物々しい騎兵によって固められていたのである。

もちろん、この時の騎兵を単なる儀仗兵であるとみることもできるかもしれない。和歌浦行幸から帰還後の閏一〇月九日に、騎兵一等・二等・三等の総勢三〇八人に対して褒賞がなされているが、これは和歌浦行幸に従駕した騎兵に対するものであろう。和歌浦行幸には三〇〇人を超える騎兵が動員されていたが、一等二三二人に対し、二等四八人・三等二八人と極めて少ない。このことから、騎兵の二等・三等の中には、褒賞に漏れたものもかなりいたのではないかと思われる。この褒賞に漏れた騎兵があるとすれば、従駕した騎兵の総数は四〇〇騎に及んでいたと見ることもできる。

天平一二年の藤原広嗣の乱に際し、聖武天皇は急遽伊勢行幸に出発した。『続日本紀』天平一二年一〇月二三日条によると、その際、前後の騎兵大将軍を任命し、「惣四百人」を率いたと記されている。このことから、称徳天皇が和歌浦に引き連れた騎兵の総数は広嗣の乱の際に聖武天皇が動員した騎兵の総数に匹敵するものであり、単なる儀仗兵《ぎじょう》ではなかったことがわかる。称徳天皇はかつての広嗣の乱に相当する軍事的緊張を伴い、和歌浦に行幸していた。それほどまで、天皇を緊張させた要因とは何だったのか。

称徳天皇は天平神護元年二月一四日に、淡路廃帝が院を脱出したという風聞に接し、淡路国の守にその確認を行っている。しかも、「商人を称し、多く彼部に向かう、国司察せずして、遂に以て群を成す、自今以後一切禁断せよ」とあり、淡路廃帝の下に多くの人が集まっていることに不安を感じている。さらに、三月五日には三関国等の軍事的要衝の有力者が、王臣の資人になることを禁じている。朝廷内の有力者と軍事的主要拠点の有力者が、私的紐帯を結ぶことを恐れたのであろう。その理由は、同日に発せられた詔を見れば一目瞭然である。

その詔では、淡路廃帝の復位を望むことを禁じている。称徳天皇は淳仁天皇を廃し、淡路に退かせたが、常にその存在におびえていたことがわかる。仏教界においても道鏡の存在を是とせず、山林に修行の場を求めて都を脱出する清貧の僧侶がいた。(32)称徳天皇の配慮により、政治的にのし上がってくる道鏡を快く思っていない人々は、想像以上に多かったと思われる。

しかも、和歌浦行幸後は道鏡の出身地である河内国をめぐり、道鏡を太政大臣禅師に任命することが既定のことであった。かつて看病禅師として道鏡を近づけることを諫言し、大臣禅師就任を批判した淡路廃帝が、それらの人々の怨嗟の核となりうることは火を見るより明らかである。称徳天皇にとって、道鏡を太政大臣禅師に任命する閏一〇月二日までに淡路廃帝を抹殺する必要があり、そうすれば彼を支持する人々が軍事行動に出ることが想定された。それゆえに称徳天皇は和歌浦行幸に際し、聖武天皇が広嗣の乱に備えたほどの騎兵を伴う必要があった。

はじめに記したように、『続日本紀』天平神護元年一〇月二二日条に記された淡路廃帝薨去のことは、『続日本紀』編纂時に機械的に配されたものであり、称徳天皇がその日にそのことを知り得たのではないだろう。ただ、その日が淡路廃帝抹殺の日であることは、事前に指示していたのではないかと思われる。

そして和歌浦行幸の帰途の一〇月二六日、天皇が和泉国日根郡深日《ふけ》行宮《あんぐう》に到着した時、『続日本紀』には、「于時西方暗瞑、異常風雨」と記されている。深日は現在の大阪府岬町深日で、その西方対岸が淡路廃帝の薨去した淡路島である。この記述は、称徳天皇が淡路廃帝の死の報告を受けたことを暗示したものであろう。天皇とその政府の威信を第一に考える『続日本紀』に、天皇の犯罪を記すことはできない。しかし、『続日本紀』編者の目から見ても、そのことを示唆する記述を記さないわけにはいかなかったのだろう。

注

(1) 藤原四家の政治的権威については、木本好信「藤原四家の分立」(『奈良時代』中公新書、二〇二二)参照。

(2) 光明子の立后を巡る政治的背景については、岸俊男「光明立后の史的意義」(『日本古代政治史研究』塙書房、一九六六)に詳しい。

(3) この親王は、『続日本紀』にはその名を記していない。『本朝皇胤紹運録』には、「親王(諱基王、神亀四、太子と為る、同五九薨ず)」とある。前近代においては、誕生直後に命名することはなかったと思われることから、わずか二歳で諱がつけられたとは思われない。諱のないことから「某王」と言い慣わされていたものが、「基王」と誤記されたものと思われる。

(4) 横田健一「安積親王の死とその前後」(『白鳳天平の世界』創元社、一九七三)が、北山茂夫「天平末葉における橘奈良麻呂の変」(『立命館法学』二、一九五二)および弥永貞三「万葉時代の貴族」(『万葉集大成』五、一九五九)の、安積親王の薨去は藤原仲麻呂による毒殺であると提起していることを紹介するとともに、その説を改めて確認している。最近では、木本好信「藤原仲麻呂による安積親王暗殺説の検討」(『政治経済史学』四五二、二〇〇四)が、この暗殺説に疑問を投げかけている。

(5) 藤原四家当主の病没過程については、木本好信「藤原四家の分立」(前掲注1)に詳しい。

(6) 光明立后詔の中で、聖武天皇は、皇后が「しりへの政」を行うのだと述べている。この「しりへの政」については、木下正子「日本古代后権に関する試論」(『古代史の研究』三、一九八一)が、単に後宮を指すものではなく、皇室全体の内治を意味するとしている。
(7)皇后制の前段階である大后制の成立過程については、岸俊男「光明立后の史的意義」(前掲注2)に詳しい。
(8)古代の女帝の概略については、上田正昭『日本の女帝』(講談社現代新書、一九七三)参照。
(9)草壁皇子は、天平宝字二年(七五八)に淳仁天皇から「岡本御宇天皇」の称号が追贈されている。
(10)養老令継嗣令の皇兄弟子条に依れば、「凡そ皇兄弟皇子は、皆親王と為よ、女帝の子も亦同じ」とあり、律令制度上は女帝が子を儲けることを想定していたことがわかる。それ故、元明・孝謙らに独身を貫かせたことは、天武天皇・草壁皇子直系親族による皇位継承に、異常なほどの執着のあったことがわかる。
(11)木本好信「長屋王の変」(前掲注1)参照。
(12)仁藤敦史「従弟藤原広嗣の乱」(『藤原仲麻呂』中公新書、二〇二一)参照。
(13)鷺森浩幸「橘奈良麻呂の変」(『藤原仲麻呂と道鏡』吉川弘文館、二〇二〇)参照。
(14)岸俊男『藤原仲麻呂』(吉川弘文館人物叢書、一九八七)参照。
(15)鷺森浩幸「橘奈良麻呂の変」(前掲注13)は、そのように推測しているようである。
(16)この時道鏡は、慈訓に代わって少僧都に任命されている。
(17)もし、称徳天皇が行幸出発時点で道鏡の存在を認識していたならば、その寵愛の始まりが、天平宝字七年九月四日以前になると思われる。しかし、それ以前に道鏡の立場に何ら反映された事実が認められない。
(18)横田健一『道鏡』(吉川弘文館人物叢書、一九五九)参照。

(19) 拙稿「熊野直広浜の生涯」(『田辺市史研究』一五、二〇〇三、のち『古代熊野の史的研究』塙書房、二〇〇四) 参照。

(20)『宿曜占文抄所引道鏡伝』は、堀池春峰「道鏡私考」(『芸林』八―五、一九五七) に所引の史料による。

(21) 僧尼令の任僧綱条によると、「凡そ僧綱任ずるは、必ず徳行有りて、能く徒衆を伏せる、道俗欽いて仰ぎ、法務に綱維たらん者を用いるべし」とあるが、淳仁天皇からあからさまに非を指摘される道鏡が、「徒衆を伏せる」存在であると思われなかったであろう。

(22) 拙稿「古代の皇位継承について」(『古代天皇制史論』創元社、一九八八) 参照。

(23) 聖武天皇が、なにゆえ道祖王を皇嗣に指名したかについてはあまり考察されていない、舎人親王・新田部親王の男子の中で年齢のわかる範囲で見ると、彼が最年少と思われ、孝謙天皇や仲麻呂が御しやすいと考えたのではないかと思われる。

(24) 薗田香融「小伝・藤原仲麻呂」(『日本古代の貴族と地方豪族』塙書房、一九九二) は、「仲麻呂家の食客的存在にほかならなかった」と評される。なお、藤原仲麻呂の子女の動向については、薗田香融「恵美家子女伝考」(『日本古代の貴族と地方豪族』、前掲) をも参考にした。

(25) 岸俊男『藤原仲麻呂』(吉川弘文館人物叢書、一九六九) は、「年足・智奴・塩焼・慈訓らがそのころの仲麻呂のブレーンであったとも見られる」とされる。

(26) 横田健一『道鏡』(前掲注18) は、「淳仁天皇は仲麻呂のあやつるロボットだった」と断言される。しかし、淳仁天皇と仲麻呂の関係は見直す必要があるのではないかと考える。

(27) 岸俊男『藤原仲麻呂』(前掲注25) は、「仲麻呂は、緒戦も久須麻呂が戦死したため、中宮院にあった淳仁天皇を伴うことができなかった。そこでさきに廃太子された道祖王の兄・氷上真人塩焼を急ぎ天皇に偽立」したとされる。

(28) 吉田孝「八世紀の日本」(『岩波講座日本史』4、岩波書店、一九九四)は、「孝謙と道鏡の接近を見て、淳仁天皇は孝謙に苦言を呈したらしい。押勝が背後で指示していたのかもしれない」とされる。なお、佐藤長門「古代天皇制の構造と展開」(『歴史学研究』七五五、二〇〇一)は、淳仁天皇が道鏡を批判したことが、たしかに両者の不和の契機となったであろうが、草壁親王の血統をひく孝謙上皇と、舎人親王の血統をひき、聖武天皇の後継を自認する淳仁天皇は、宿命的に対立する立場にあったとされる。

(29) 称徳天皇の和歌浦行幸と淡路廃帝の死の前後関係については、拙稿「淡路廃帝の死と道鏡」(塚口義信博士古稀記念『日本古代学論叢』同会、二〇一六)に詳述している。

(30) 古代の行幸と和歌浦に関しては、拙稿「古代の行幸と和歌浦」・同「古代の和歌浦行幸とその景観」(ともに『日本史の中の和歌浦』塙書房、二〇一五)に於いて詳述している。

(31) 薗田香融「わが上代の騎兵隊」(『日本古代の貴族と地方豪族』塙書房、一九九二)参照。

(32) 拙稿「永興禅師小伝」(『田辺市史研究』九、田辺市、のち『古代熊野の史的研究』、塙書房、二〇〇四)参照。

第四章　称徳朝政治と道鏡

1　大臣禅師・太政大臣禅師・法王

†詔から見た道鏡の立場

道鏡は孝謙太上天皇（称徳天皇）の寵愛を得て、大臣禅師・太政大臣禅師・法王にまで昇り詰め、政界・仏教界においてほしいままにふるまったといわれている。ところで、彼は何をどれほどまでに、ほしいままにしたのであろうか。彼が就任した大臣禅師・太政大臣禅師・法王とは、どのような機能・権限を有していたのであろうか。そのことは、これまで具体的に語られてこなかったのではないかと思われる。

滝川政次郎氏は、それを議政官に相当する職であったと考察したことがある(1)。ただし、大臣禅師・太政大臣禅師については、詳細に言及はしてはいないようである。これに対して谷本啓氏は、それを議政官でも僧位でもなく、僧道鏡に対する官職であったとされた(2)。ただ、それが職であるとするならば、どのような権限を伴う職であったかということに関しては明言していないようである。管見によれば、この問題を取り扱った研究はこの二氏の研究のみで、それ以後はそれほど積極的に論じた研究はないように思われる。

道鏡を研究するに不可欠な『続日本紀』の前半は省略が多く、後半は記述が詳細であると言われている(3)。とくに天皇の発する詔は、宣命体で記されたものが全部で六二詔が収められており、孝謙天皇時代に一〇詔、淳仁天皇時代に八詔、称徳天皇時代には一六詔を収載している。淳仁天皇時代の詔もほとんどが孝謙太上天皇の意を戴して発したか、もしくは関与したものである。すなわち、『続日本紀』に収載する半数以上の詔が、この時期に集中している。

しかもいずれもが宣命体で記されており、ほぼ原文のままであると判断することができる。これらの詔を詳細に分析することにより、道鏡の動向を復元してみればどうなるか。ここではこのような問題意識のもとに、孝謙天皇・同上皇・称徳天皇の発した詔を通して、道鏡の動向を考察してみたい。

†大臣禅師就任

天平宝字八年九月一一日、仲麻呂の乱が発覚する。同月一八日に仲麻呂の首級が平城京に伝送されてきたが、その二日後の二〇日、道鏡を大臣禅師に任命する詔が発せられている。『続日本紀』は第二八詔で次のように記している。

復勅く、悪く奸《かだまし》き奴の政の柄を執て奏しむる事を以て諸氏氏人等をも、進めつかわすこと、理の如も在らずありつ、是を以て今より後は仕奉らん相のまにまに、進め用い賜ん、然之が奏しく、此の禅師の昼夜朝廷を護仕奉るを見るに、先祖の大臣として仕奉りし、位名を継がんと念て在る人なりと云て、退け賜えと奏しかども、此の禅師の行を見るに、至りて浄く、仏の御法を継ぎ隆んと念行まし、朕をも導き護ります、己が師をや、たやすく退けまつらんと念て在りつ、然朕は髪をそりて、仏の御袈裟を服て在れども、国家の政を行わずあることを得ず、仏も経に勅く、王位に坐す時は菩薩の浄戒を受けよと勅て在り、此れに依りて念えば、出家でも政を行うに豈《あに》障るべき物には在ず、故是を以て帝の出家していますす世には、出家して在る大臣も在えしと念て、楽《ねがい》ます位にはあらねども、此の道鏡禅師を大臣禅師と位は授けまつる事を、諸聞食せと宣る、

前段ではまず仲麻呂政権時代の非を確認し、今後の方針を述べている。不正義な政治の

方針（柄）を採用し、臣下の叙位を行ったが、それは理屈に合うものではなかったと反省している。だから今後は臣下の仕事の様子を、そのまま評価して決定することにした、と述べている。不正義な政治とは仲麻呂時代の誤った政治や人事を指しているのだろう。とくにこの前段に、仲麻呂の讒言によって排除されたその兄豊成《とよなり》の右大臣復帰について述べられており、そのことを指していると思われる。

そして、「然之が奏しく」と大きく転換している。この「然之」は、国史大系本も朝日新聞社本も「さてし」と読んでいることから、「之」は強調の助字と理解すべきで「しかしながら奏してくるものがいる」と読める。しかしそのように考えると、奏してくるという動作の主語が見当たらない。

本居宣長は、この主語を仲麻呂として理解していた。(4)これは「之」を「これが」と読み、仲麻呂を指す指示代名詞と理解したためであろう。(5)仲麻呂批判を列記したすぐ後に記されていることから、そのような理解も可能かもしれないが、同書天平宝字八年九月一二日勅では、「逆臣恵美仲麻呂」と指示代名詞を用いず、直接その名を記している。したがって、ここに記す「之」を指示代名詞とみることは不適切であろう。また、「然之」という語を用いて、大きく話題を転換しているのであるから、奏上者をあえて仲麻呂と考える必要もない。

「之」を強調の助字と理解するならば、上皇さえも安易に口に出せない人物と考えるべきであろう。その人物が上皇に奏上した内容は、道鏡の行いを見ていると、その先祖である物部弓削守屋がかつて権勢を誇ったように、道鏡自身が政治を思い通りにしたいと思っているようであるから、上皇の身辺から退かせるべきだという内容であった。これを上皇に奏上した人物は誰であろうか。宣長が言うように、仲麻呂がこのようなことを奏したとする事実を、『続日本紀』から確認することはできない。しかもそれは上皇が宣命の中で、おいそれと口に出せない人物なのである。

このことに関しては、宝亀三年四月七日条に収める道鏡没伝の中に、「宝字五年に保良に幸するに従う、時に看病に侍して、稍く寵幸せらる、廃帝常に言を為し、天皇と相中ることを得ず」と記されていることが参考になる。ここでは廃帝される前の淳仁天皇が、道鏡を上皇の身辺から遠ざけるように進言し、上皇と天皇の間が不和になったことが明確に記されている。おそらく、道鏡を上皇身辺から退けるべく奏上したのは淳仁天皇であり、それゆえに上皇もそうした行為の主語を明確に記すことができなかったのであろう。

この奏上を受けながら、上皇が道鏡の行いを観察すると、その行いは浄く仏法を広め、上皇を守護してくれていると評している。そして、自らの師をたやすく退けることはできないとの心情を述べている。

さらに上皇は、僧籍にありながらも政治を担当しなくてはならないことについて説明し、これは経典に照らしても問題のないことであると述べている。さらに、出家した天皇が政治を担当するのであれば、僧籍にある大臣がいてもよいではないかと訴えている。そこで、道鏡禅師に大臣禅師の位を授けるので、臣下はそのことを了解するようにと結んでいる。

なお、ここでは「大臣禅師の位」と表現しているが、本居宣長は『続日本紀』の用例を検討し、これを職であるとしている(6)。この後、『続日本紀』は道鏡の処遇について「乂勅すらく、道鏡禅師を以て大臣禅師と為す、所司宜しく此の状を知るべし、職分《しきぶん》・封戸《ふこ》は大臣に准じて施行せよ」と記している。

以上が道鏡を大臣禅師に任じた関係史料であるが、ここで問題とすべきは大臣禅師に任じた動機とその待遇である。称徳天皇は自らが僧籍にある天皇であるため、大臣禅師を任じると明言している。つまり天皇が僧籍になかったならば、大臣禅師を任じる必要は、さらさらないということである。

待遇面では「職分・封戸は大臣に准じて施行せよ」と明記している。そのため、『公卿補任』の同年の項には右大臣の項目に次いで、「大臣　道鏡禅師」と明記されており、これは滝川政次郎氏が大臣禅師を議政官と理解する一つの根拠ともなっている。しかし、「大臣に准じて」と一文があるのは、大臣禅師が左右大臣ではないことの証左といえるだろう。あくまで大臣禅師は左右大臣ではないが、その職分田・封戸の待遇において左右大臣に准じているということを明言しているに過ぎないと思われる。(7)

大臣禅師の職務については、大臣禅師任命の動機から知ることができるだろう。称徳天皇は僧籍にある天皇であるから、大臣禅師が必要だと吐露している。俗籍の天皇と僧籍の天皇はともに政治を行うが、後者はそれに加えて仏道修行を行わなくてはならない。道鏡任命の詔の中で道鏡を「己が師」と明言していることから、大臣禅師の職務は、称徳天皇の仏道修行を指導することであったと理解すべきであろう。

それまでは病を得た天皇とその看病禅師といういわば私的な関係であったが、天平宝字七年九月四日に慈訓をあからさまに非難し、道鏡を少僧都に任じた。(8)これによって、道鏡は初めて律令官僚機構の中の僧綱の一角にたしかな地位を得たことになるが、その時点での僧綱の状況を『僧綱補任《そうこうぶにん》』でみてみると僧正が鑑真、大僧都が良弁で、律師には法進・慶俊《けいしゅん》がいた。鑑真は別格の存在で、良弁は天平期に道鏡を使僧として使っていたことがあり[9]、道鏡得度の際の導師ではなかったかとも思われる[10]。

少僧都に就任したとはいえ、僧綱の中での道鏡はこれらの面々と比較すれば借りてきた猫同然であり、彼はそのような窮屈な状況を望まなかったであろう。また、「己が師」がそのような状態であることを称徳天皇も焦慮したであろう。僧籍にある天皇の仏道修行を指導する立場を公的に格付けるため、大臣禅師就任が計られたと思われる。

大臣禅師はその待遇を大臣に准じこそすれ、それは明らかに議政官ではなかった。道鏡を身辺に近づけることを露骨に非難したのは、時の天皇であった淳仁天皇である。大臣禅師が議政官でなく、上皇も道鏡も僧籍にあるのであれば、淳仁天皇も不本意であれ、認めざるを得なかったであろう。

†太政大臣禅師就任

次いで、道鏡の動向を伝える詔は、天平神護元年閏一〇月二日条の第三六詔である。『続日本紀』は次のように記している。

庚寅に、詔して曰く、今勅く、太政官の大臣は奉仕べき人の侍坐時には、必ず其官を授け賜う物に在り、是を以て朕が師大臣禅師の朕を守りたい助賜うを見れば、内外二種の人等に置きて、其理に慈哀て、過無くも奉仕しめてしかと念おしめして、かたらいのりとう言を聞くに、是の太政大臣の官を授けまつるには、敢《あ》えたいなんかとなも念おす、故是を以て太政大臣禅師の位を授けまつると勅く御命を、諸聞食せと宣る、復勅く、是位を授けまつらんと申さば、必ず不敢いなと宣たわんと念してなも、不申して是の太政大臣禅師の御位を授けまつると勅く御命を諸聞食と宣る、

まず、太政大臣に適任者がいる場合はその職を授けるべきであると述べており、これは律令職員令太政大臣条の「其の人無くんば則ち闕《か》けよ」という条文を逆手に取った表現である。適任者がいない場合は欠員でよいという条文を、適任者がいるなら置いてもよいと解釈しているのである。(11)

次に、太政大臣の職に道鏡が適任であることを力説する。道鏡は自分（称徳天皇）を守ってくれるだけでなく、道俗（内外二種の人）ともに道理に従って慈しみ、正しく仕事をしており、その言辞を聞くと、太政大臣に相応しいと思われるという。そこで、太政大臣禅師の職を授けるので、みんな了解するようにと述べている。

そして太政大臣ではなく、太政大臣禅師を授ける理由を述べている。太政大臣の職を授けると言えば、道鏡は必ずその職責に耐えられないと拒否するであろう(12)と推測し、だから、太政大臣禅師の職を授けるというのである。

ここで注目すべきは道鏡を僧俗両方に勝れていると評価し、太政大臣の職を授けたいとしていることである。しかしそのように言えば、必ずや道鏡はその職に耐えられないと言って拒否するであろうことも推測し、太政大臣禅師の職を授けた。これにより、太政大臣禅師の職は太政大臣とは明らかに異なっていたことがわかる。それでは、太政大臣禅師とはどのような職であったのか。

太政大臣は律令職員令に規定される通り、天皇を指導し、国を治める職責を有し、しかも僧尼令准格律条があることから、間接的に仏教界をも支配する。それほどの資質が要求されるからこそ「其の人無くんば則ち闕けよ」で、太政大臣は僧俗両方の世界を統括する。しかしその職を授けると言えば、道鏡は必ず拒否するであろうから、太政大臣の職責から何かを除外したものが、太政大臣禅師の職責であるということがわかる。道鏡が僧職にあり、大臣禅師が称徳天皇の仏道修行の指導者であったことから、太政大臣禅師とは俗界を除く仏教界に限定しての統率者を意味していたと考えるべきである。

しかし仏教界の指導は、僧尼令によって僧綱に任されていたはずである。『僧綱補任』の天平神護元年条を見ても、道鏡が僧綱の上位に位置していたことを確かめることはできない。これらのことから、太政大臣禅師とは太政大臣の職責のうち、「一人（天皇）に師範する」という職責を負う者であったとすべきであろう。しかも、それが仏教界に関する限りと限定されている以上、称徳天皇の仏道修行の指導者という意味であったと思われる。すなわちその職責において、大臣禅師と比べて遜色のないものだった。天平宝字八年に道鏡の称徳天皇への仏教指導者としての職責を、左右大臣と同じ格付けにしたが、ここに至ってその格付けを太政大臣と同じにしたに過ぎなかったのだろう。

†法王就任

次いで道鏡の動向を伝える詔は、天平神護二年一〇月二〇日の第四一詔である。『続日本紀』は次のように記している。

詔して曰く、今勅く、無上き仏が御法は、至誠心を以て拝尊び献れば、必ず異奇験をあらわし授け賜う物にいましけり、然今示現賜える如来の尊き大御舎利は、常見奉るよりは大御色も光照て甚美く、大御形も円満て別好くおおましませば、特にくすしく奇事を思議こと極難し、是を以て意中に昼も夜も倦怠こと無く謹み礼まい仕奉つつ侍り、是実に化の大御身は縁に随て度導賜うには、時を不過行に相応て、慈び救賜うと云言に在らしとなも念す、猶し法を興隆しむるには、人に依て継ひろむる物に在り、故諸の大法師等をひきいて、上といます太政大臣禅師の理の如く勧行わしめ教導賜うに依てし、此の如く奇く尊き験は顕賜えり、然此の尊くうれしき事を朕独のみや喜んと念てなも、太政大臣朕太師に法王の位授けまつらくと勅う天皇御命を諸聞食と宣る、復勅く、此の世間の位をは楽《ねが》い求めとう事は都《すべ》て無く、一道に志て、菩薩の行を修い、人を度導んと云に心は定ています、かくはあれども猶朕が敬報まつるわざとしてなも、此の位冠を授けまつらくと勅う天皇が御命を諸聞食と宣る、次に諸大法師が中にも、此の二禅師等い同心を以て、相従道を志て、世間の位冠をは楽わずいまさえともなも、猶止むことを得ずして、円興《えんこう》禅師に法臣位を授けまつる、基真《きしん》禅師に法参議・大律師として、冠は正四位上を授け、復物部浄しの朝臣と云う姓を授けまつると勅う天皇が御命を、諸聞食と宣る、復勅く、此の寺は朕が外祖父先の太政大臣藤原大臣之家に在り、其家之名を継て、明かに浄き心を以て、朝廷を奉助る右大臣藤原朝臣をば、左大臣の位授け賜い治め賜う、復吉備朝臣は朕が太子と坐し時より師として教え悟しける多の年歴ぬ、今は身も敢えずあるらむ物を、夜昼退かずして護助奉侍を見れば、かたじけなみなも念おす、然人として恩を知らず、恩を報いぬをば、聖の御法にも禁め給える物に在り、是を以て吉備朝臣に右大臣之位授け賜うと勅う天皇が御命を、諸聞食と宣る、

写真９　隅寺（海龍王寺・奈良市法華寺町）

ここでは、隅寺《すみでら》（海龍王寺《かいりゅうおうじ》）の毘沙門天像の前に仏舎利《ぶっしゃり》が出現したと述べられており、仏舎利を隣の法華寺に安置し、祥瑞であるとして喜んでいる。この祥瑞の出現を道鏡の日ごろの行いと結び付け、これにより法王の職を授けるとしている。さらに、このような職を授けることは、これまでになかったことであるが、道鏡がひたすら菩薩行を行い、多くの人々を教え導いていることに報いるため、この職を授けるとしている。

次いで、道鏡と同じように仏道に修行していることから、円興禅師に法臣の職を、基真

禅師に法参議の職を与えるとしている。また、基真には正四位上の位階と物部浄朝臣姓を授けている。さらに、仏舎利を安置した法華寺が称徳天皇の外祖父藤原不比等の旧邸であることから、その子孫である藤原永手を左大臣とし、称徳天皇龍潜《りゅうせん》の時からその師範として学問指導をしてきた吉備真備を右大臣にしている。

この日、仏舎利の出現を機に大々的な褒賞がなされているが、この二年後の神護景雲二年一二月四日条によると、この仏舎利の出現は基真のでっち上げであったことが判明した。(13)それでも、この時の褒賞人事は再考されることはなかった。次に、道鏡への法王職の授与が行われている。この法王という職であるが、本居宣長はこれに関して次のように述べている。(14)

仏教に、正法を以て国を治むる王を法王といふといへることあり、今此号は、それにより給へるか、又たゞ法師なる王といふ意か、いずれにまれ、皇胤《こういん》にあらざる人に、王といふ号を授け給へること、神代よりためしなく、理にそむきたる、いみしき大まがこと也、ここでは仏典から法王と命名した可能性を指摘しているが、日本では臣下に王号を用いることはなく、非常に間違ったことであるとしている。たしかに金光明最勝王経《こんこうみょうさいしょうおうきょう》には法王の名称が記されており、勝浦玲子氏もそのことを指摘しているが、[15] そこで語られている法王とは釈迦そのものを指していると思われる。この詔の中で、菩薩行を行っているはずの道鏡を釈迦に擬すことはなかったとすべきであろう。

また、天平神護二年一〇月二三日条によると、「乙巳、詔、法王月料は供御に准ず」とあることから、この時点で道鏡が皇嗣指名されたと見ることも可能である。[16] しかし道鏡を法王にする要件は、彼の行いが仏教を広め、多くの人々を教え導いているという仏教の指導者としての資質を評価したものである。このことから法王の職権も、仏道修行をする天皇の仏教指導に限られたものとみるべきであろう。天平宝字八年にはその格付けを左右大臣並みに、天平神護元年には太政大臣並みに、さらに天平神護二年には天皇並みに改めたに過ぎない。[17]

宣長が指摘するように、臣下である道鏡に王を含む職名を与えることには違和感があるが、中国では臣下を王に封ずることがよくあり、この場合、王は臣下第一の称号を意味している。このように考えれば、法王とは正法を指導する臣下第一の人物と理解することができる。
もちろん、これは古代中国の例を参考にしたものであり、そのような例は宣長が言うように、日本では確認できない。しかし、唐風化が一世を風靡した仲麻呂政権直後のことであれば、このような理解が成り立つのではないかと思われる。[18]
法王の意味については以上である。ただ、称徳天皇は、重祚する際に、何らかの形で道鏡に皇位を譲りたかったのではないかと思われる節がある。このことについては、本章の4「宇佐八幡託宣と道鏡」において述べたい。
次に円興への法臣、基真への法参議の任命であるが、同月二三日条によると円興を大納言に准じ、基真を参議に准ずるとしていることから、道鏡と同じようにそれぞれを格付けしたと思われる。基真に対して、僧職にありながら従四位上の位階と物部浄朝臣の姓を授けているが、このことに関して宣長は次のように述べている。[19]

そも〳〵僧に位階を賜ひ、姓を賜へる事、いともいともめづらしく、いはむかたなきことども也、さて此基真より上に立る円興には、これは位をも姓をも賜ふことなくして、基真にのみ賜へるは、故有べし、宣長が指摘するように、基真が特に優遇されている。仏舎利出現をでっち上げた本人であることから、仏舎利の発見者として優遇されたのであろうが、僧職にある彼に位階や姓が授けられることは不可解である。道鏡が優遇される過程で、その弟の弓削浄人をはじめとする道鏡の近親者が位階や姓でかなりの優遇を受けていることから、基真の近親者への優遇措置が、彼に対するものと誤認されたのではないだろうか。

なお、円興は賀茂氏の出身であることがわかる。[20]これに対して、基真は物部浄朝臣の姓を賜っていることから、道鏡と同じく物部氏の出身であったと思われる。ただし、道鏡と同族であったとしても、道鏡の一門と称される近親者には物部御浄朝臣の姓が授けられていることから、それほどの近親者ではなかったであろう。基真はそのような道鏡とのかすかな縁を頼りに仏舎利出現をでっち上げることにより、道鏡の歓心を買おうとした。その際、基真の師である円興を彼の下位に位置づけることができないため、円興を法臣に任じざるを得なかったのであろう。

神護景雲二年一二月四日条によると、基真はその師円興を「凌突《りょうとつ》」して飛騨国《ひだのくに》に追放されている。師に非礼な行為があったため、僧尼令外国寺条を適用されたのであろう。基真がでっち上げた仏舎利出現によって、優遇を受けた円興に対して、「それは自分のお陰である」という基真の慢心があったと思われる。

2　太政官政治と道鏡

†弓削浄人の生涯

道鏡は天平宝字八年に大臣禅師、天平神護元年に太政大臣禅師、天平神護二年に法王に就任しており、これらの職に就任した際の詔を詳しく眺めた。その結果、それらの職責は仏道修行を行う称徳天皇の仏教指導をするものであり、大臣・太政大臣・法王などという仰々しい語は格付けに過ぎないことがわかった。その職名は極めて仰々しいものではあるが、太政官の首班と言えるものではなかった。

道鏡は大臣などに準じた待遇を受けてはいるが、太政官の政治にはかかわっていなかったと思われる。それでは、太政官と道鏡は一切無関係といえるのか。道鏡が寵愛を受けるようになったころ、道鏡の弟である弓削連浄人が太政官政治において破格の待遇を受けている。ここでは浄人の生涯を概観することにしたい。

浄人が初めて『続日本紀』に見えるのは、天平宝字八年七月六日条の「授刀少志従八位上弓削連浄人賜弓削宿禰」という記事である。以後、『続日本紀』には頻繁に浄人の動向が記録されている。以下でその動向を概観するが、果たして彼はこの時点で何歳なのであろうか。彼はいつ頃生を受けたのであろうか。

宝亀三年四月七日条に収められた道鏡没伝には、「其弟浄人」と明記されており、浄人は道鏡よりも若年であったことがわかる。道鏡の生年については、彼が義淵僧正の弟子であるとする所伝から諸説がある。[21] 私は一般的な優婆塞貢進時の年齢から、彼は義淵僧正の弟子ではなく、供侍童子であったのではないかとし、その生年を慶雲五年と推定した。[22] この推定に大過ないとすれば、浄人はそれよりも若干後年の和銅三年頃の生まれと考えてよい。

したがって彼が『続日本紀』に初めて名前を見せた天平宝字八年は、四八歳頃であったと考えてよいだろう。彼はこの時点で従八位上の位階に叙せられており、前掲の道鏡没伝には「布衣より八年の中に、従二位大納言に至れり」とあり、浄人の出世ぶりを評している。「布衣」は院政期以後では下級の有位者を指す言葉であるが、『史記』の高祖紀には

「勤めて時を待ち、布衣よりして天子と為る者有り」とある。漢の高祖劉邦《こうそりゆうほう》は無位の庶民から漢の皇帝にのし上がった人物であったが、この例から見て、浄人は無位から八年の間に従二位大納言に至ったという意味であろう。

浄人が大納言に任官したのは神護景雲二年二月一八日、従二位を叙位されたのは、神護景雲三年六月九日のことであった。したがって神護景雲三年を遡る八年前、浄人は無位であり、その頃に初めて位階を得たと思われる。それは道鏡が孝謙太上天皇に従って保良宮に入り、格別の寵愛を得始めた天平宝字六年のことであった。(23) このように彼の初叙位を道鏡の寵愛の影響と考えるならば、この時の初叙位が従八位上であったと考えてもよいであろう。

その後の浄人の動向を姓の変遷で見ると、天平宝字八年七月六日に弓削連から弓削宿禰へと改姓され、そのわずか約二ヵ月後の同年九月一一日に弓削宿禰から弓削御浄朝臣へと改姓されている。

位階に関する浄人の動向を見ると、天平宝字八年七月六日に従八位上とあり、天平宝字八年九月一一日に従八位上から一挙に従四位下に昇叙され、天平神護元年正月七日に勲三等に叙勲されている。同年二月二日には従四位下から従四位上に昇叙され、さらに天平神護二年一〇月二〇日に従三位から正三位に昇叙されている。従四位上に昇叙された天平神護元年からわずか一年八カ月足らずのうちに従三位への昇叙があり、さらに正三位に昇叙されたことになる。神護景雲三年一〇月三〇日に正三位から従二位に昇叙されている。この従二位が浄人の極位であった。

浄人の位階昇叙の様子を『続日本紀』に見える帯位・叙位を基に、その間隔を概観してみよう。従八上→三年余・一五階→従四位下→四月余・一階→従四位上→一年八月余・三階→三年弱・一階→従二位となる。昇叙に至るまでの期間はいずれも、選叙令遷代条《せんじょれいせんだいじょう》に定める考課期間に比して著しく短期間である。[24]このことから、浄人は位階の面で極めて厚遇を受けていたことは一目瞭然である。

次いで、官職に関する動向を見ると、天平宝字八年七月六日に授刀少志の官職にあった。これは天皇を守護する授刀衛《じゅとうえい》の四等次官であり、初叙位とともに任官したと考えてよいだろう。同年一〇月二〇日には衛門督《えもんのかみ》でありながら上総守《かずさのかみ》を兼務しており、これは高官の衛門督であることから、上総守は任地に赴かない遥任であったと思われる。この日までに、授刀衛少志から衛門督に転じていたことになる。おそらく、従四位下に昇叙された天平宝字八年九月一一日かその直後に、新たな官位にふさわしい官職に転じていたのであろう。

さらに、天平神護二年一〇月二〇日に参議から中納言に転じている。天平神護元年一〇月二〇日以後この日までに参議に任官していたことになる。官位相当の慣例から推し量って、天平宝字八年九月一一日の従四位下昇叙の際、衛門督任官と同時に参議に任ぜられたものと思われる。そして、神護景雲元年七月一〇日に新設された内竪省《ないじゅしょう》の長官（卿）に任ぜられている。この時、中納言・衛門督・上総守は兼務となっている。次いで、神護景雲二年二月一三日に大納言に昇任しており、やはり内竪卿・衛門督・上総守は兼務のままであった。

さらに、神護景雲二年一一月一三日には大納言・衛門督の肩書で大宰帥に任ぜられている。これまで任ぜられていた上総守は併記されていない。地方官の最高職である大宰帥に着いたことから、上総守は免官されたと考えられる。おそらく、それまでの上総守同様に、大宰帥は遥任であったと思われる。また、同月二九日に検校兵庫将軍《けんぎょうひょうごしょうぐん》に任ぜられている。この時大納言等の肩書が付されていないが、おそらく大納言等の顕職は兼務していたと思われる。

『続日本紀』の日付を追って、任官の状況を見ると次のようになる。天平宝字五年＝授刀衛少志、天平宝字八年一〇月二〇日＝衛門督・上総守、天平神護二年一〇月二〇日＝中納

言、神護景雲元年七月一〇日＝中納言・衛門督・上総守・内竪卿、神護景雲二年二月一八日＝大納言・内竪卿・衛門督・上総守、神護景雲二年一一月一三日＝大納言・衛門督・大宰帥、神護景雲二年一一月二九日＝大納言・大宰帥・衛門督・検校兵庫将軍、となる。

以上のように浄人の任官経歴を見ると、参議・中納言・大納言という議政官を歴任するとともに、授刀衛少志・衛門督・検校兵庫将軍という武官を歴任し、さらに上総守・大宰帥という地方官の要職も歴任している。しかも天平宝字八年一〇月二〇日以後は常に議政官、武官の長、地方官の首座であった。

岸俊男氏は道鏡政権下の道鏡の動向を、仲麻呂の動向に模倣したものではないかとされた。(25) 実質は伴わないにせよ、顕官を独占したことを指して評されているのだろう。浄人の動向は、まさしくかつての仲麻呂に匹敵するものだと言えるだろう。

前掲の道鏡没伝によると「一門の五位の者男女十人」とあり、浄人の同族が五位以上の位に一〇人が居並ぶという繁栄を極めた。しかし、称徳天皇の崩御に伴う道鏡の失脚によって、浄人はその子息である広方・広田・広津とともに即日、土佐国に配流された。その後、天応元年（七八一）六月一八日に故郷の河内国若江郡に還ることが許されたが、入京することさえも許されなかった。その後の正史を見ても、彼の名前を見ることができないことから、彼は故郷でひそかに生涯を終えたと思われる。

天応元年の彼の宥免記事を見ると、「河内国若江郡の人・弓削浄人」と見え、そこには弓削御浄朝臣や弓削宿禰という姓が記されていないのみならず、彼が栄進する前の弓削連の姓さえも記されていない。このことから彼が土佐に配流される際に、姓も剝奪されたと思われる。

†浄人の政治的動向

これまで多くの研究者が指摘してきた通り、浄人の生涯は道鏡の栄達と軌を一にしていたことは明らかであるが、その動向は政治的に見てどのように位置づけることができるのか。

浄人が史料上に初めて確認できるのは天平宝字八年七月六日のことで、従八位上が初叙位、授刀衛の少志が初任官であったと推測される。そして、その時期は道鏡を孝謙上皇が寵愛し始めた天平宝字六年のことであったと思われる。まさしく道鏡の寵愛が始まることと軌を一にして、彼は官界に初登場したのである。

また、彼は授刀衛の四等次官である少志の官職にあったことがわかる。授刀衛は、天平宝字三年に、授刀舎人寮《じゅとうとねりりょう》を改変して設置された令外の官である。[26]天皇守衛の武装集団で、多くは郡司級の地方土豪の子弟が任官していたので、河内国若江郡を本貫とする彼には相応しい官職であっただろう。彼は少志であり、位階は従八位上であったが、少志の官位相当は正八位下であったから、守官とは言えほぼそれに見合った官位に叙せられていたと思われる。浄人はこの段階では道鏡の寵愛の栄に浴したとはいえ、位階・官職について特別な厚遇を受けていたとは思えない。

これは浄人の弓削連から弓削宿禰への改姓記事で、『続日本紀』は原則として、五位に満たない人物については、記事として取り扱うことが無いようである。[27]しかし、従八位上でそれほど重要な官職にもついていない浄人の改姓記事が、このように『続日本紀』で取り扱われているのは、この時期、浄人が特別な注目を集める人物であったからと思われる。そしてその根源は、彼が道鏡の弟であったからと考えてよいであろう。

本来、姓は神話伝承に基づいて、それぞれの氏族が天皇との親疎の関係を主張するために自称するものであった。しかし天武天皇一三年の八色姓の制定により、神話・伝承とは異なり、天皇が新たに、その意思に基づいて与えるものに大きく変化した。[28]とくに、この時点で淳仁朝の政治はまだ藤原仲麻呂が主導していた。そのため、浄人を政治的に厚遇することに関しては憚られたのであろう。

同年九月一一日に仲麻呂の反乱が発覚し、彼の政治生命が絶たれると、孝謙上皇は仲麻呂本人の死を確認することもなく、当日に浄人を従八位上から従四位下へと破格の昇叙を断行する。(29)ちなみにこの時、浄人は弓削御浄朝臣に改姓されている。いかに孝謙上皇が道鏡を寵愛しようとも、仲麻呂が健在なうちは、その弟である浄人を政治的に厚遇するには、彼が関知しないほどの位階・官職の範囲内でしか厚遇することはできなかったのであろう。そして仲麻呂が排除されるや、即座に浄人は貴族に抜擢される。浄人の政治的厚遇を阻んでいた要因が仲麻呂であったことは、このことからも明らかである。この直後の同年一〇月二〇日、彼は従四位下衛門督で上総守を兼務している。

その時期が淳仁天皇の廃帝の直後のことであることは、とくに注目すべきである。藤原仲麻呂を排除しても、淳仁天皇が存在する限り、あからさまに浄人を優遇することはできなかった。前掲の道鏡没伝によると、孝謙上皇が道鏡を寵愛することに対して「廃帝（淳仁天皇）、常に以て言を為し」たため、天皇と上皇が不和になったことが明記されている。藤原仲麻呂排除後であっても、淳仁天皇の存在する限り、孝謙上皇がいかに道鏡を寵愛しようとも、道鏡や浄人を政治的に重用することは憚られた。

その後、天平神護元年正月七日に浄人は勲三等に叙勲された。この年には全国の多くの神社に仲麻呂の乱平定に神意を発露したとして、神階が授与されている。[30]この叙勲は、浄人に仲麻呂の乱平定に功のあったことを理由としたものであろう。浄人が具体的にどのような活躍をしたのかはわからないが、彼の所属する授刀衛が仲麻呂乱平定に活躍したことから、これに関連付けた叙勲であったと思われる。

道鏡と浄人に代表される一族の政治的厚遇を阻んでいたものは、従来言われてきた通り、藤原仲麻呂の存在であったが、それだけではなく淳仁天皇の存在も大きく作用していたとすべきである。

†太政官における道鏡派

これまで、道鏡の大臣禅師・太政大臣禅師・法王への就任を告げる詔を検討し、道鏡は称徳天皇の仏道修行の指導者として、その都度格付けがなされたことを明らかにした。その名称は太政官制度における議政官を思わせるが、天皇の仏道修行に関してのみの職能しか有していなかったことは明らかである。

では彼へのこのような優遇措置は誰によって決定され、実行されたのであろうか。もちろん、これらの詔は称徳天皇の名のもとに発せられているが、道鏡が称徳天皇を突き動かし、実現させたとも考えることができる。[31] 事実、宝亀三年四月七日条に収める道鏡没伝には次のように記されている。

宝字八年、太師恵美仲麻呂謀反して誅に伏す、道鏡を以て太政大臣禅師と為す、居ること頃之して、崇めるに法王を以てし、載るに鸞輿を以てす、衣服飲食は一に供御に擬す、政の巨細《こさい》決を取らざること莫し、

道鏡が法王にまで昇り詰めたことはこれまで見て来たとおりであるし、天平神護二年一二月二三日条に「法王の月料は供御に准」じるとしていることから、天皇に准じて贅を極めたことも事実であろう。しかし、このように優遇された道鏡の職責は称徳天皇の仏道修行を指導するものであり、議政官としての職責を伴ってはいなかったはずである。それゆえ、ここで「政の巨細決を取らざること莫し」と記すのは明らかに潤色であろう。したがって道鏡が自身の身分や職に関して能動的に発言したり、強権を以て決定したりすることはできなかったはずである。

ただ、道鏡の弟である弓削浄人が議政官として送り込まれていた、道鏡没伝によると、彼はわずか八年の間に無位から従二位大納言にまで昇り詰めていた。彼が道鏡の意を戴し、道鏡の身分や職に関して画策した可能性はあるかもしれない。ここで、太政官内における弓削浄人の立場を確認しておく必要があるだろう。(32)

浄人は天平神護二年一〇月二〇日に参議から中納言に転じている。この日以前に浄人は議政官である参議に任じられていたのであるが、それはいつのことであろうか。官位相当の慣例から推し量って、天平宝字八年九月一一日の従四位下昇叙の際、衛門督任官と同時に参議に任ぜられたと思われる。そして淡路廃帝薨去後のこの日、中納言に任ぜられ、神護景雲二年二月一八日に大納言に昇進し、これが浄人の極官であった。では、浄人が議政官になったころの議政官の布陣はどのようなものだったのか。

『公卿補任《くぎょうぶにん》』天平神護元年条によると、太政大臣禅師に道鏡がいる。ただし、これまで述べてきたように、道鏡は太政官政治には関与していなかったと思われるので、彼を議政官としてみることはできないだろう。仲麻呂政権下で、仲麻呂の兄でありながら仲麻呂の讒言にあい、左遷されていた藤原豊成が右大臣に復帰している。藤原北家房前の次男の永手が大納言で、もう一人、この年致仕する文室浄三《ふんやのきよみ》がいる。中納言には同じく藤原北家房前

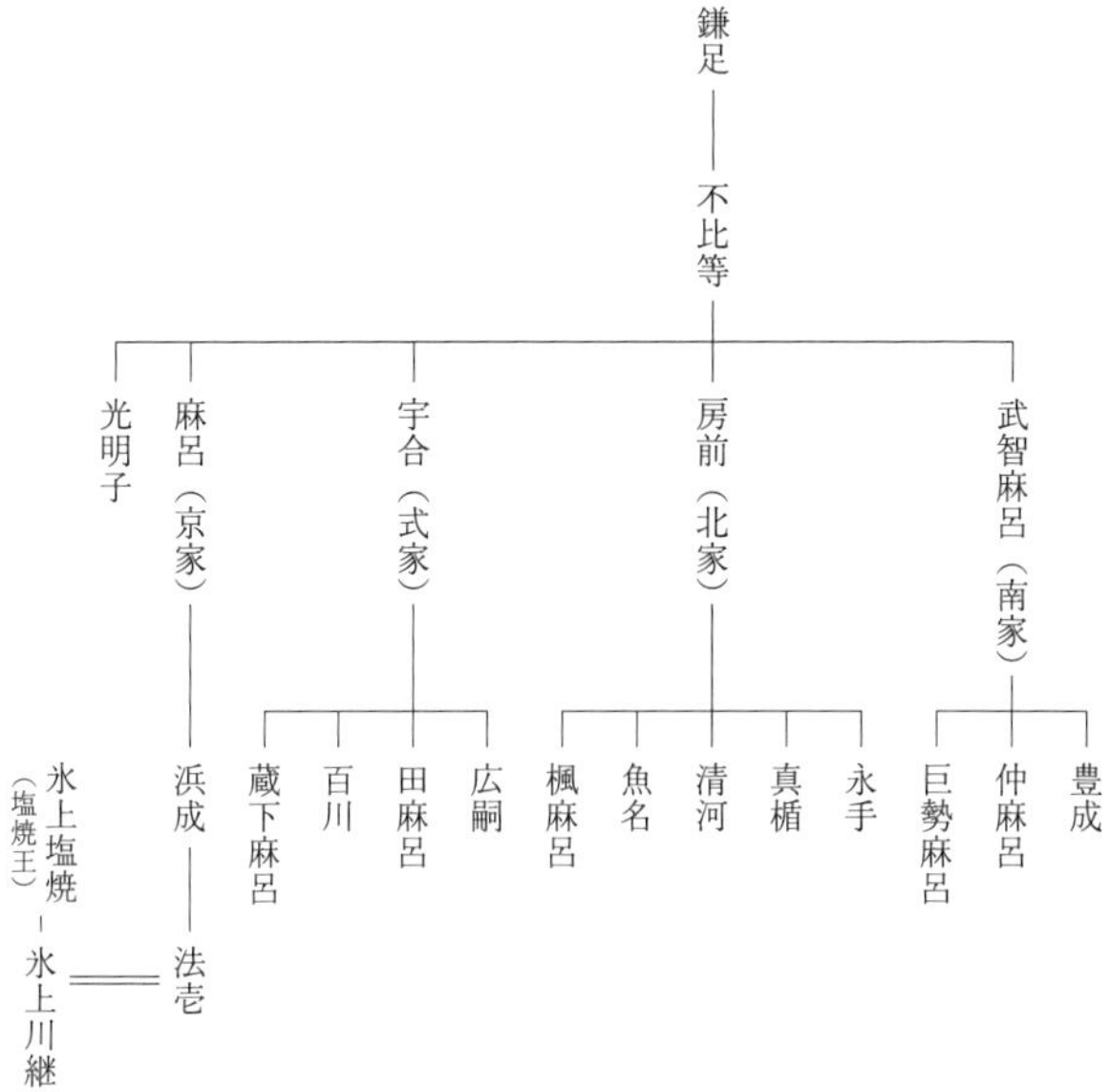

図2　藤原氏略系図

の三男真楯《またて》と、後に光仁《こうにん》天皇となる白壁王《しらかべおう》の二人がいる。

参議には、地方豪族出身でありながら大抜擢された吉備真備がいる。そのほかの参議には藤原北家房前四男の清河《きよかわ》がいるが、彼は天平勝宝二年に入唐し、そこで生涯を終えているため、参議とはいえ名目上の存在である。また、用明天皇を祖先とする皇族の山村王、神祇大副を歴任した経験のある中臣清麻呂、右大臣で藤原南家豊成の四男縄麻呂、仲麻呂の乱に際して功績があったと思われる粟田道麻呂《あわたのみちまろ》、そして弓削浄人がいる。

右大臣一人、大納言二人、中納言二人、参議実質六人という布陣で、反仲麻呂・親称徳天皇と思われる人々によって構成されているが、議政官全一一人のうち、明らかに道鏡派と思われる人物は参議の弓削浄人ただ一人である。浄人はその後、中納言・大納言へと累進するが、議政官の中ではたった一人の道鏡派であり続けた。それでは、道鏡以前の仲麻呂政権期の議政官の布陣は、どのようになっていたのであろうか。

仲麻呂が政権の座から失墜する前年、天平宝字七年の様子をやはり『公卿補任』によって見てみると、首班は太師(太政大臣)の仲麻呂自身で、大納言相当の御史大夫一人、中納言四人、参議九人である。(33) 参議の藤原清河は前述のとおり、入唐中であるから参議は実質八人であり、議政官の総人数は一四人となる。

このうち中納言氷上塩焼は、仲麻呂の乱で行動をともにすることから、明らかな仲麻呂派であろう。そのほかに参議として、仲麻呂の乱で彼に与して惨殺された藤原南家の巨勢《こせ》麻呂《まろ》も仲麻呂派である。さらに、仲麻呂の子息である真光《まさき》・訓儒麻呂・朝獦《あさかり》の三人が参議として名を連ねている。すなわち実質一四人の議政官のうち、六人が明らかな仲麻呂派であった。

仲麻呂政権期の仲麻呂派議政官と、道鏡優遇期の道鏡派議政官の人数を比較すると、明らかに道鏡優遇期の道鏡派議政官は劣勢である。これでは浄人が道鏡の処遇をよくしようとしても、他の議政官の合意を得ることはできなかったであろう。

それでは道鏡に関するこのような人事を発案し、強硬に実行した人物は誰なのか。そのことを知る手掛かりは、道鏡を法王に任じた詔を詳細に見ることによって判明すると思われる。大臣禅師就任の詔も太政大臣禅師就任の詔も、道鏡一人の処遇に対するものであった。

しかし法王就任の詔は仏舎利の出現に伴うものであったため、道鏡の法王人事だけでなく、僧綱や左右大臣の人事にも及んでいる。よってこれらの人々に関する人事も、道鏡の法王就任に関する人事と同じように扱われたはずである。それらの人々をその職につけたかった人物こそが、道鏡を法王にまで昇り詰めさせることを望んだということであろう。

僧綱の円興と基真についてはすでに述べたが、特に基真は道鏡を法王にしたかった人にとって、仏舎利をでっち上げた人物であり、基真を褒賞することによって、道鏡の法王就任を導き出すことができた。また、円興を道鏡の弟子であるとする史料もある(34)が、道鏡左遷後も彼は大僧都であり続けたことから、道鏡との関係はなかったと思われる。

次に、右大臣藤原永手が左大臣に昇任している。永手は藤原北家房前の子息であり、道鏡との関係を認めることはできない。むしろ新参でありながら、厚遇される道鏡を好ましく思ってはいなかったであろう。では藤原四家のうち、なにゆえ北家の永手が左大臣に抜擢されたのか。

南家には称徳天皇に謀叛を企てた仲麻呂がいて、式家には天平一二年に謀叛を企てた広嗣がいた。京家の浜成《はまなり》は仲麻呂の乱に際し、仲麻呂に反対の立場をとったらしく、乱後に目覚ましい昇叙がみられる。しかしその息女の法壱《ほうい》は、仲麻呂と行動をともにした氷上塩焼の子息川継《かわつぐ》と婚姻関係にあり、気を許せる存在ではなかった。そのために、浜成はその後も顕職につくことはなかった。

このように考えると、称徳天皇が最も頼りとすべき、母系の実家では謀反に関与していなかったのは北家だけということになる。つまり藤原四家のうち、謀叛に関与した三家を消去すれば、残るのは北家の永手だけということになる。永手を左大臣に抜擢せざるを得なかった張本人とは、相次ぐ母系の従兄弟たちの謀叛に苦慮した称徳天皇に他ならなかった。

最後に、地方氏族出身の吉備真備が右大臣に抜擢されている。真備はこの詔の中で明言されているように、称徳天皇龍潜時の師範であり、彼女が最も信頼を置く人物であった。畿内豪族出身ではない彼を、議政官に抜擢すること自体異例であろうが、右大臣に抜擢することは称徳天皇の意志であったと判断することができる。彼が地方出身であり、中央豪族と何ら関係を持っていなかったことが、反逆者にはなり得ない人物として、彼女の目に映ったのかもしれない。

以上のように、道鏡を法王に就任させた詔によって同時に永手を左大臣、真備を右大臣に抜擢したことは、称徳天皇の強固な意志によるものであった。これにより、道鏡を法王に就任させるという行動も、称徳天皇の意志から出たものと考えるべきであろう。

†称徳天皇の思惑

弓削浄人は兄道鏡のお蔭で破格の出世を果たしたのであるから、道鏡のさらなる出世を望んだことであろう。しかし太政官内における彼の立場を見れば、彼がそれを望んだとしても、太政官の動きを左右できる立場にはなかったことは確かである。道鏡の出世を画策したのはおそらく称徳天皇であり、このことを確認する手掛かりは、道鏡が法王になる一連の動きにある。

天平神護二年一〇月二〇日、隅寺に仏舎利が出現したことにより、道鏡は法王に就任することになった。ところがこの二年後、神護景雲二年一二月四日条によると、この仏舎利の出現は基真のでっち上げであったことが判明した。(35)それにもかかわらず、基真はまったく罰せられることはなく、仏舎利出現によって断行された道鏡の法王就任を含む人事の見直しも行われなかった。

おそらく基真のでっち上げ行為は誰かに教唆《きようさ》されたものであろうが、その教唆した人物とは、他ならぬ称徳天皇だったのではないか。つまり、道鏡の大臣禅師・太政大臣禅師・法王への異例の人事は称徳天皇自身の発意であったとみられる。

第三章で、称徳天皇が道鏡に好意を抱いたのは、彼女が尊敬してやまない聖武天皇の思い出をともに語ることができたからだと指摘したが、たったそれだけの理由でこのような異例の人事が行われるだろうか。

天平神護元年閏一〇月二日、道鏡を太政大臣禅師に就任させる詔の中で、道鏡を太政大臣に就任させたいが、道鏡はその任に堪えられないというであろうから、あえて太政大臣禅師に就任させると述べている。これはたんに道鏡の謙遜を述べているに過ぎないのだろうか。

先に、少僧都任官後の僧綱における道鏡の位置づけは、借りてきた猫のようなものだったと述べた。称徳天皇の寵愛により、道鏡の立場は急上昇していくが、そのことに焦燥感を覚えていたのは当の道鏡本人ではなかったかと思われる。天皇から道鏡を太政大臣にしてやろうと提案されて、最も困惑したのは道鏡自身であろう。天皇の仏教指導に限った太政大臣禅師ならば、やぶさかではないと思ったのではなかろうか。

称徳天皇の周りには政治的な不遇に不満を抱え、謀反に踏み出す人々が多くいた。疑心暗鬼にさいなまれていた彼女にとって、太政大臣にしてやろうといっても喜びもしない道鏡は、ある種特別な存在に見えただろう。尊敬する聖武天皇の思い出を共有できるだけでなく、限りなく無欲に見える道鏡を、称徳天皇はできるだけ厚遇しようとした。道鏡の破格の寵愛の裏には、猜疑心にさいなまれていた称徳天皇のこのような思惑があったのではないか。もちろん物部一族とはいえ、その傍流の弱小氏族出身の道鏡が、謀反をたくらむとは思えなかったこともその一因であろう。

私は、大臣禅師・太政大臣禅師・法王という職が仏道修行をする称徳天皇の仏教的指導をする立場にあり、太政官政治には一切かかわらなかっただろうと推測した。ちょうどこのころ、東大寺をしのぐ西大寺の創建が行われている。僧侶である道鏡が、この創建にどのようにかかわっていたかを見ることにより、道鏡の政府における立場を推し量ることができるのではないか。そこで、次に西大寺の創建と道鏡の関係を考察することにしたい。

3 西大寺の創建と道鏡

†西大寺の建立

西大寺の建立を告げる記事は、『続日本紀』には見ることができない。しかし、宝亀一一年一二月二四日付の「西大寺資材流記帳《さいだいじしざいるきちょう》」に次のように記されている。(36)

夫れ西大寺は、平城御宇

宝字称徳孝謙皇帝、去る天平宝字八年九月十一日に請願し、将に七尺の金銅四王像を敬造し、兼て彼の寺を建てんとすなり、乃《すなわ》ち天平神護元年を以て、創て件の像を鋳し、以て伽藍を開く也、居地は参拾壹町、右京一条三四坊に在り、東は佐貴路を限る、東北角の喪儀寮を除く、南は一条の南の路を限る、西は京極の路を限る、山陵八町を除

く、北は京極の路を限る

これによると西大寺建立は、天平宝字八年九月一一日に発願《ほつがん》されたことがわかる。周知のとおり、この日は藤原仲麻呂の乱が発覚した日である。したがって、西大寺の建立は仲麻呂の乱の平定を期し、発願されたと考えてよいだろう。

ここで問題とすべきは、仲麻呂の乱平定を最も望んだ人物は誰かということである。それが道鏡であるならば、西大寺建立は道鏡の主導によって発願されたと考えることができる。また、仲麻呂の乱平定を望んだ人物が孝謙太上天皇であれば、西大寺建立を発願した人物は上皇であったということになる。もちろん上皇主導で発願されたとしても、道鏡が深くかかわっている可能性はある。事実、『続日本紀』宝亀元年八月一七日条の称徳天皇の埋葬記事には、次のような記述がある。

太師誅《ちゆう》されてより、道鏡権を擅《ほしいまま》にして、軽く力役を興し、務めて伽藍《がらん》を繕い、公私彫喪して、国用不足す

写真10　西大寺（奈良市西大寺芝町）本堂

「太師誅されてより」とは、天平宝字八年の仲麻呂がその乱によって横死《おうし》して後という意味であろう。「務めて伽藍を繕い」とは河内の由義寺とみることもできるが、これはあくまでも弓削氏の氏寺である。これに対して、ここで「国用不足す」と記していることから、これは造寺司を配置した国家的事業であり、西大寺建立のことに他ならないと考えるべきであろう。[37] つまり、西大寺建立を主導したのは間違いなく道鏡であったと、この記述は雄弁に語っており、そのために国家財政を危機に陥れてしまった（務めて伽藍を加え、公私彫喪して、国用不足す）というのである。それでは、道鏡の西大寺建立へのかかわり方は、どのようなものだったのか。

道鏡がどれほど西大寺建立に関わっていたかを知るためには、西大寺建立に関わった人々と道鏡の関係を詳しく知る必要がある。西大寺建立が発議されると、ほぼ同時に造西《ぞうさい》大寺《だいじ》司《し》が設置されたはずである。道鏡が主導して西大寺建立が発議されたのであれば、この造西大寺司には道鏡の与党が多く送り込まれたと考えることができる。そのため、造西大寺司の官僚として任命された人々と、道鏡との関係を詳しく分析する必要がある。

また、政府はその施策を推進するにあたって、功績のあった人々をその都度表彰している。西大寺建立に際しても称徳天皇はわざわざ西大寺に行幸し、それらの功労者をたびたび褒賞している。[38] このように褒賞された人々と道鏡との関係を詳しく知る必要があるだろう。そこで、以下このような観点で道鏡と西大寺の関係を探っていきたい。

なお、寺院名称である西大寺は称徳天皇の父帝聖武天皇が発願した東大寺を意識していることは間違いない。このように考えると、西大寺建立の発願は父帝を尊敬する称徳天皇の発願であったとも考えられる。あるいは、道鏡が天平期最大の造寺事業である東大寺を凌ぐ西大寺を建立したと推測することもできる。このような可能性を視野に入れつつ、先ずは造西大寺司について詳細に見ていこう。

†造西大寺司と道鏡

西大寺の建立発願とほぼ同時に、同寺建立のための役所として造西大寺司が設けられ、その官僚任命記事は神護景雲元年二月二八日に見える。[39] この日、従四位下佐伯宿禰《さえきのすくね》今毛人《いまえみし》が造西大寺司の長官に任命されている。今毛人は造東大寺司次官・長官の職歴を持ち、造西大寺司長官に任じるには最適の人物であった。

ところで、天平宝字七年正月九日に今毛人は造東大寺長官に任官しているが、その時の位階は、造西大寺司長官就任時と同じく従四位下であった。このことから、造西大寺司は造東大寺司に匹敵する規模で設置されたとみることができる。

今毛人は、その経歴から見て反仲麻呂的存在であったことがわかる。『続日本紀』宝亀八年九月一八日条の藤原良継《よしつぐ》薨伝には次のように記されている。

> 時に押勝之男三人、並びに参議に任ず、良継の位子《し》姪《てつ》之下に在りて、益忿怨《ふんえん》を懐けり、乃ち従四位下佐伯宿禰今毛人・従五位上石上朝臣宅嗣《いそのかみのあそんやかつぐ》・大伴家持《おおとものやかもち》等と同じく謀りて、太師を害さんと欲す、

これによると、仲麻呂の子息三人がそろって参議に任じられたのを機に、良継が仲麻呂の暗殺を企てたという。仲麻呂の子息である訓儒麻呂・真光・朝獦の三人が参議にそろって並ぶのは、『公卿補任』によると天平宝字六年のことであり、この体制は仲麻呂の乱が発覚するまで続いている。したがって、この暗殺計画は天平宝字六年から同八年の間のこ

とであろう。今毛人は良継等とともにこの仲麻呂暗殺計画を共謀しており、このことから、彼は明らかに反仲麻呂的人物であったことがわかる。それゆえ、仲麻呂の乱平定を祈願する西大寺の建立責任者としては相応しい人物であったと言える。

それでは、今毛人と道鏡の関係はどうだったのか。宝亀元年八月二一日条によると、皇太子の令旨によって道鏡の造下野薬師寺別当への左遷が決定し、道鏡は即日下野国へと逓送されることになった。その際、「即日、左大弁正四位下佐伯宿禰今毛人・弾正尹従四位下藤原朝臣楓麻呂《ふじわらのあそんかえでまろ》を遣わして、役して上道せしむ」とあり、彼は道鏡の左遷の執行人を務めている。このような役目を、道鏡に親しい人間に負わせることはないだろう。このことから、今毛人は明らかに反仲麻呂的な人物であったが、同時に反道鏡的な人物でもあったと考えられる。

次に、造西大寺司の次官の動向を見てみよう。神護景雲元年七月一九日、正五位上大伴《おおとも》宿禰伯麻呂《すくねおじまろ》が造西大寺司次官のままで駿河守《するがのかみ》を兼任している。彼はこの時すでに造西大寺司次官であり、次官就任は佐伯今毛人の長官就任と同時期だったと思われる。翌年五月九日に伯麻呂は造西大寺司次官のままで、従四位下に昇叙していることが確認できる。伯麻呂は道鏡配流後も順調に出世し、宝亀九年正月九日に参議にまで昇り詰めている。[40] 彼が道鏡と親しい人物であったなら、宝亀年間におけるこのように順調な出世はあり得なかったであろう。

その後の造西大寺司次官の動向を見ると、宝亀三年一一月一日に従五位下粟田朝臣公足《あわたのあそんきみたり》が員外次官、宝亀四年五月一九日に従四位下津連秋主《つのむらじあきぬし》が次官に就任している。そして、宝亀九年二月二三日には従五位下文室真人老《ふんやのまひとおゆ》が、同年八月二〇日には従五位下桑原公足床《くわはらのきみたりとこ》が、それぞれ次官に就任している。ただし、これらの人物については前後の動向を明確に知ることはできず、道鏡と特に親しい、あるいはその影響下にあったことを積極的に指摘することはできない。

大伴伯麻呂は次官であるが、従四位下とかなり高い位階である。これは彼が正五位上で造西大寺司次官に就任した後の昇叙で、しかもこの時右中弁で次官を兼務しているので、造西大寺司次官は行官だったのであろう。また、津連秋主も従四位下で高い位階であるが、この五カ月後に卒していることから、高齢による恩典であった可能性があり、造西大寺司次官はやはり行官だったと思われる。すると、令外官である造西大寺司次官の官位相当は五位程度であったとみることができる。

このような次官歴任者の動向を見ると、造西大寺司次官の扱いは宝亀元年の道鏡左遷と前後して上昇こそすれど、低下してはいなかったと理解できる。もし西大寺建立が道鏡の能動的な施策であったとしたならば、道鏡左遷後にその事業は廃止ないしは縮小されたであろう。[41]しかし、そのような傾向を認めることはできないし、次官歴任者と道鏡との間に特別な関係を想定できる人物もいないようである。

以上で見てきた通り、造西大寺司の官僚人事には終始一貫して道鏡の影響はなかったと思われる。それでは、西大寺そのものに道鏡はまったく関与していなかったのか。『続日本紀』によると、天平神護二年一二月一二日以後、称徳天皇はたびたび西大寺に行幸している。その行幸記事から、道鏡と西大寺の関係を探ることはできないだろうか。このような観点から、西大寺行幸記事を詳細に見てみたい。

†西大寺行幸と道鏡

天平神護二年一二月一二日、称徳天皇は初めて西大寺に行幸している。その際の状況を『続日本紀』は次のように記している。

癸巳に、西大寺に幸す、無位清原王《きよはらおう》・気多王《けたおう》・梶嶋王《かじしまおう》・乙訓王《おとくにおう》並びに従五位下を授く、従四位下藤原朝臣田麻呂《たまろ》を従四位上とす、正五位下大伴宿禰伯麻呂を正五位上とす、従五位上豊野真人出雲《とよののまひといずも》を正五位下とす、従五位下豊野真人奄智《えんち》を従五位上とす、正六位上豊野真人五十戸《いそべ》を従五位下とす、従五位下多治比真人若日女《たじひのまひとわかひめ》を正五位下とす、外従五位下檜前部老刀自《ひのくまべのおいとじ》を外従五位上とす、

この日、無位の諸王四人に従五位下を授け、七人の臣下にそれぞれ昇叙している。末尾の多治比若日女と檜前部老刀自は、その名前から女性であると思われる。ただ、この褒賞が西大寺に行幸して行われていること、かつその中に、後に造西大寺司次官であることが確認できる大伴伯麻呂の名が見えることから、これらの褒賞者は西大寺建立に何らかの功績があった人々である可能性が高い。

臣下筆頭の藤原田麻呂は藤原式家宇合の五男で、天平一二年に広嗣の乱に坐して隠岐国に配流されるが、天平宝字五年に政界に復帰している。同年一〇月二八日条によると、保良宮造宮に功があったとして従五位下から従五位上に昇叙されている。このような経歴を見ると、彼は道鏡よりも称徳天皇の側近であったとみることができる。

大伴伯麻呂は先にみたとおりであるが、豊野出雲は鈴鹿王《すずかのおおきみ》の子息で、天平宝字元年に

臣籍降下して豊野真人を名乗っている。彼も道鏡とのかかわりを知ることはできないが、誇り高い皇親の系譜をひく彼が新参の道鏡に媚びる理由はないだろう。豊野奄智・豊野五十戸も鈴鹿王の子息であることから、道鏡との関係は豊野出雲と同様とみてよい。

その後、称徳天皇は神護景雲元年九月二日に西大寺嶋院に行幸し、従五位下日置《へき》造《のみやつこ》蓑《みの》麻呂《まろ》に従五位上を授けている。蓑麻呂は仲麻呂の乱に際し、その鎮圧に功績があったらしく、乱直後の一〇月に従五位下に叙せられている。彼は反仲麻呂的な人物であったと思われるが、道鏡左遷後の光仁・桓武朝を順調に過ごしていることから、道鏡と親しい人物ではないと思われる(42)。

次に、神護景雲三年四月二四日にも称徳天皇は西大寺に行幸している。その際の状況を『続日本紀』は次のように記している。

辛酉に、西大寺に幸す、従四位下佐伯宿禰今毛人に従四位上を授く、正五位上大伴宿禰伯麻呂を従四位下とす、従五位上息長丹生真《おきながのにうのま》人《ひと》大国《おおくに》を正五位下とす、従五位下弓削《ゆげの》宿禰《すくね》大成《おおなり》・粟田朝臣公足・益田連縄手《ますだのむらじなわて》を並びに従五位上とす、正六位上大野《おおのの》我孫《あび》麻呂《まろ》を外従五位下とす、ここでも、現職造西大寺司長官佐伯今毛人と同次官大伴伯麻呂の褒賞叙位が行われており、彼らに次いで、息長丹生真人大国が従五位上から正五位下へと昇叙されている。正倉院文書によると、彼は天平一七年に画工令史《がこうれいし》として見えることから[43]、西大寺の装飾に携わったための褒賞であろう。その彼は道鏡左遷後の宝亀二年に造宮少輔に任じられていることから、道鏡左遷による影響はなかったと思われる。

次に従五位下弓削大成・粟田公足・益田縄手が従五位上に昇叙されている。中でも大成は弓削宿禰を称していることから、道鏡の一族であったと思われる。ちなみに、天平宝字七年に道鏡の弟である浄人が連から宿禰に賜姓されている。大成の称した宿禰は、まさしくこれであろう。浄人は翌年には弓削御浄朝臣を賜姓されているが、この改姓は道鏡と浄人の至極限られた近親者にのみなされたものであった。そして天平神護元年の淡路廃帝薨去後、一門と称される三等親内の親族にまで、この弓削御浄朝臣の姓は広く授けられたと思われる[44]。

ところが、大成は神護景雲三年段階においてもなお弓削宿禰を称している。彼は延暦四年正月二七日に西市正を拝命しており、道鏡左遷後の彼に対する影響はなかったと思われる。大成は間違いなく道鏡の一族ではあったが、一門と称されるような近親者ではなかったのであろう。

大成と同時に従五位上に昇叙された粟田公足は、先にみたように道鏡左遷後の宝亀三年に造西大寺司員外次官に任じられた人物であり、彼の人生に道鏡はかかわっていなかったといえる。益田縄手についてはこの日が最後で、以後その名を見せないので、道鏡との親疎関係を推定することはできないが、『正倉院文書』の「造東大寺上日帳」に「大工」としてその名が見える。[45] このことから、彼は道鏡との関係というよりも、純然たる技術者として、西大寺建立に関与したものと考えるべきであろう。

以上、西大寺建立に功労があったと思われる人々の前後の動向を見たが、道鏡と親しい関係にあったと思われる人物を確認することはできなかった。唯一、弓削大成だけが、弓削宿禰を名乗り、道鏡と同族であったと思われる。しかし彼は、道鏡の一門といわれるほどの親しい関係でもなく、道鏡左遷後も順風な政界活動を行っている。

天平神護二年から神護景雲三年に至るまで、称徳天皇は数次にわたって西大寺に行幸しており、この間の『続日本紀』の記述は道鏡の動向を詳細に伝えている。[46] それにもかかわらず、これらの西大寺行幸に道鏡が従駕したと思われる記載をまったく見ることができない。これらのことから、西大寺における建立功労者の褒賞にも道鏡は何ら関与していなかったとみるべきであろう。

天平宝字八年から天平神護二年の間に、道鏡は大臣禅師・太政大臣禅師・法王と華々しく出世するが、この間に行われた西大寺の創建事業への関わりは認められない。それどころか、この事業は佐伯今毛人のような反道鏡的な人々によって進められていたとさえ思われる。このことは、華々しい出世を続けた道鏡の職責が、仏道修行をする称徳天皇を指導することに限られ、国家的事業である西大寺創建事業に口出しをする立場になかったことを如実に示している。

4 宇佐八幡託宣と道鏡

†託宣事件の概要

宇《う》佐八幡神《さはちまんのかみ》が道鏡を皇位につけよという託宣《たくせん》を発した事件は非常に有名で、本書では宇佐八幡託宣事件と呼ぶことにしたい。一連の状況は、『続日本紀』神護景雲三年九月二五日条に一括して、次のように記されている。

初め、大宰主神習宜阿曾麻呂、旨を希いて、方に道鏡に媚び事《つか》え、八幡神の教を矯《いつ》わりて言く、道鏡をして皇位に即かしめば、天下太平ならんと、道鏡之を聞きて深く喜び自負す、天皇清麻呂を床下に召して、勅して曰く、昨夜夢みるに、八幡神の使来りて云う、大神事を奏せんが為に尼法均を請う、宜しく汝清麻呂相代りて往きて彼の神の命を聴くべし、発するに臨みて、道鏡清麻呂に語りて曰く、大神の使者を請う所以は、蓋し我の即位之事を告げん為か、因て重ねて募りて官爵を以てすと、清麻呂神宮に行き詣でる、大神託宣して曰く、我が国家は開闢《かいびゃく》以来君臣定まりぬ、臣を以て君と為す事未だ之有らず也、天之日嗣は必ず皇緒を立てよ、無道之人は宜しく早く掃除すべしと、清麻呂来り帰りて奏すること神の教の如し、是に於いて道鏡大いに怒り、清麻呂の本官を解き、出だして因幡員外介《いなばのいんがいのすけ》と為す、未だ任所にゆかざるに、尋《つ》いで詔有りて除名して大隅《おおすみ》に配す、其の姉法均《ほうきん》は還俗せしめ備後《びんご》に配す、

これによると、清麻呂を宇佐に発遣する勅が出され、彼の復命後に彼を大隅に配流する

詔が出されている。これまでも述べてきた通り、『続日本紀』に載せる称徳朝の詔は宣命体で記されており、ほぼ発せられた原文のままであると思われる。[47] しかし、ここに記している勅も詔も要約にすぎない。このことから、この託宣事件の記事は、『続日本紀』編纂者の意向をかなり反映したものである可能性がある。ともあれ、一連の経緯を箇条書きにしてみてみることにしよう。

①習宜阿曾麻呂が、道鏡を天皇にせよとの宇佐八幡神の教示があったと奏上する。
②天皇は八幡神が天皇に告げたいことがあるので、使者を遣わすよう告げる夢を見る。
③天皇は、八幡神の教示を清麻呂に聞きに行くように勅を出す。
④道鏡は、清麻呂に自分に都合の良い報告をすれば、高い官爵を約束するという。
⑤清麻呂は、宇佐八幡神の宮に参詣する。
⑥宇佐八幡神は、皇位は皇族が継ぐべきであり、無道の人は排除すべしと託宣する。
⑦清麻呂は、宇佐八幡神の託宣を天皇に奏上する。
⑧道鏡は怒って、清麻呂を因幡員外介に降格人事しようとする。
⑨天皇は、清麻呂の降格人事実行以前に、彼を大隅に配流し、法均を備後に配流する。

④と⑧に道鏡が見えることから、この託宣事件の首謀者を道鏡とみる説が有力である。しかしこれまでに述べたように、道鏡は仏道修行をする称徳天皇の仏教指導をする存在であり、太政官政治にはかかわっていなかったと思われる。したがって、彼が清麻呂に高い官爵を約束することはできなかったはずである。このことから④の記述は、『続日本紀』編者の作為の産物ではないかと思われる。

写真11　宇佐八幡宮（宇佐市南宇佐）南中楼門

⑧も道鏡の職責から考えて、清麻呂を降格人事することはできなかったはずであるが、道鏡にとって快い報告でなかったことは確かであろう。そして、道鏡の主張する降格人事は実行されることなく、天皇が清麻呂とその姉法均の流罪を決定してしまった。ここから、道鏡以上に称徳天皇が怒っていたことがわかる。

この一連の託宣事件は、『続日本紀』神護景雲三年九月二五日条に一括して記されているが、①〜⑨にはかなりの時間経過があったと思われる。これより先の五月二八日、和気清麻呂《わけのきよまろ》は輔治能真人《ふじのまひと》に改姓されている。政治を輔けるという麗々しい姓であることから、これは、③の清麻呂に宇佐神宮への発遣命令が出されたことによると思われる。[48]おそらく称徳天皇は、託宣の真偽に期待を寄せていたのであろう。①の阿曾麻呂の奏上と②の天皇が夢を見た時期は、その直前のことと思われる。

発遣命令が五月の下旬であるから、清麻呂が宇佐に向けて都を旅立ったのは六月初旬のことであろう。また、『延喜式』の主計式によると都と大宰府の上り日数は二七日で、大宰府と宇佐神宮のある豊前国《ぶぜんのくに》への所要日数は二日であり、約一ヵ月を要することになる。しかし勅使の移動であるから、沿道諸国の国府での接待もあり、片道に一ヵ月半ほど要したのではないかと思われる。清麻呂が七月中旬に宇佐八幡宮に到着し、一〇日ほど滞在したとするならば、清麻呂の復命は九月二〇日を過ぎたころになされ、その直後の九月二五日に配流されたと想定することができる。[49]よって、道鏡が清麻呂の降格人事をする暇さえなかったと判断できる。

†託宣事件をめぐる人々

この一連の託宣事件には称徳天皇・道鏡・習宜阿曾麻呂・和気清麻呂・法均といった

人々が蠢いている。これらの人々のうち、称徳天皇と道鏡についてはこれまでに詳しく述べてきたので、習宜阿曾麻呂・和気清麻呂・法均についてみてみる。

阿曾麻呂の肩書は「大宰主神」となっており、これは大宰府において神事を行う神官であろうと思われる。彼は天平神護二年六月一日従五位下に叙せられ、神護景雲元年九月四日に豊前介に任じられている。その後、本条に名前を見せるが、宇佐八幡を所管する地方国の二等官を歴任していることから、宇佐神宮の神官たちとも親しかったと考えられる。

そして、神護景雲二年一一月一三日には道鏡の弟である弓削浄人が大宰帥を兼務している。遥任とはいえ、大宰主神である阿曾麻呂に命令できる立場にあったことから、阿曾麻呂と浄人との関係には留意しておく必要があるだろう(50)。その後、宝亀元年八月二一日に多褹嶋守《ねがしまのかみ》に転じ、道鏡・浄人左遷後の宝亀三年六月六日には大隅守に任じられている。

阿曾麻呂の大隅守栄転は、配流されていた和気清麻呂が復権した神護景雲四年九月よりも後のことである。清麻呂が復権したということは、宇佐八幡神の託宣が清麻呂らの奏上したとおりであったことを意味している。そして、それよりも先に阿曾麻呂が奏上した内容が、偽りであったことが決定づけられた。

このことは、阿曾麻呂の奏上が何者かによって教唆されたものであり、阿曾麻呂自身に罪を問えないと政府が認定したことを意味する。このように考えれば、阿曾麻呂に教唆した人物は浄人ではなかったことになる。道鏡左遷後、彼も流罪に処されており、教唆されたとはいえ、流罪されるべき人物と与した人物に順調な出世をさせるはずもないだろう。

次に和気清麻呂についてみることにしよう。彼は備前国藤野郡の出身で、舎人ないしは兵衛として平城京に出仕していたと思われ、天平宝字八年の藤原仲麻呂の乱の功績によって勲六等を叙勲されている。おそらく、兵衛ないしは舎人として仲麻呂の乱に対処したことにより、称徳天皇の目に留まったと思われる。

彼が宇佐八幡神の託宣を聴くための勅使に任命されたのは、彼が地方出身者であったことが大きな要因であったと思われる。中央氏族の出身者であれば氏族間の抗争のため、自氏族の思惑によって託宣を改変して報告する恐れがあった。その点、地方出身の彼は、そのような氏族間抗争の枠外にいると称徳天皇は理解したのではないか。

横田健一氏によると、称徳朝晩年に活躍した藤原永手や吉備真備は、道鏡全盛期には目立った反道鏡的動きは示さなかったということであるが[51]、称徳天皇が不予の状態になると天皇の意に反して、彼らは反道鏡的な動きを始める。そして、神護景雲四年八月四日に称徳天皇が崩御すると、その直後の九月六日、大隅に配流されていた清麻呂は復権させられている。

これは光仁天皇即位前のことであり、清麻呂の復権は反道鏡的な吉備真備や藤原永手らによってなされたと思われる。よって清麻呂自身、吉備真備や藤原永手と親しい関係にあったと考えてよい。真備や永手は反道鏡的な動きをしていなかったのであるから、清麻呂が反道鏡的な存在であることに、称徳天皇はまったく気付いていなかっただろう。その妹法均も、清麻呂と同様の立場であったと考えてよい。

†称徳天皇の怒り

称徳天皇は清麻呂に対して、宇佐神宮に赴き、その神の命令を聴いてくるよう命じた。それに対して、清麻呂は勅使として宇佐神宮に赴いてその託宣をたしかに聴き、皇位は皇族が継ぐべきであり、「無道之人（＝道鏡）」を排除すべきことを奏上した。それによって天皇は激怒し、清麻呂を大隅に、妹の法均を備後に配流してしまった。

宇佐八幡神の託宣を聴いてきたのは清麻呂で、天皇はその報告を受ける立場にあったが、清麻呂の報告に激怒した。これは、天皇が道鏡に皇位を譲りたかったと思う以外には理解できないであろう。つまり、託宣事件の首謀者は明らかに称徳天皇その人だった(52)。それではなぜ、称徳天皇はそのように考えるようになったのか。

第三章で見た通り、安倍皇太子は天武天皇・草壁皇子の直系親族による皇位継承、藤原氏の外戚政策によって立太子され、孝謙天皇として即位した。即位当初、天武天皇・草壁皇子直系の男子の誕生を待ち望んだことであろう。それゆえに彼女は独身を通したのであるが、四一歳に達した彼女は、天武天皇・草壁皇子直系の男子の登場をあきらめざるを得なかった。そのため大炊王に譲位し、淳仁天皇が誕生したのである。

道鏡寵愛のことを淳仁天皇に諫言されたことから、上皇と天皇の間に不和が生じ、淳仁天皇を廃帝してしまった。さらには自分が納得のいく皇嗣がなかったため、彼女自身が重祚しなくてはならなかった。この時点で彼女は四七歳に達していた。一般的に人生五〇年といわれた時代である。早晩死ぬであろう自分の後を誰に継がせるかについては、ことのほか悩んだことであろう。

ところが、その悩みを解決する方法を彼女なりに発見していた。そのことは、『続日本紀』天平宝字八年一〇月九日の淳仁天皇廃帝を伝える詔の中に、次のように記されている。

山村王詔を宣して曰く、掛《かけ》けまくも畏《かしこ》き朕が先帝の御命《みこと》を以て、朕に勅《のたまい》しく、天下は朕が子いましに授け給う事とし、云わば王を奴と成すとも、奴を王と云うとも、汝の為《せ》むまにまに、仮令後に帝と立て在る人い、立ちの後に、汝のために礼無くして、従わずなめく在らむ人をば、帝の位に置くことは得ざれ、又君臣の理に従いて貞しく浄き心を以て、助け奉侍《つかえまつら》むし、帝と在ることは得んと勅き、かく在る命を朕また一二の竪子《じゅし》等と侍りて聞食して在り、

これは、孝謙天皇即位の際に聖武上皇から諭された言葉として引用されている。これによると、聖武天皇は孝謙天皇に皇位を譲ったが、彼女ののちの皇位については王を奴隷にしようとも、奴隷を王にしようとも、天皇となった孝謙天皇の思いのままであると述べたというのである。さらに、たとえ孝謙天皇が後継ぎとして立てた天皇に礼がないのであれば廃すればよいのであって、君臣の道理を心得ている立派な人を皇位につければよいと諭したという。そして、この聖武天皇の言葉を自分のそばに仕える児童（竪子）とともにたしかに聞いたと述べている。

これは、称徳天皇が淳仁天皇を廃帝する権利を聖武天皇から授かっていると主張しているにほかならないが、聖武天皇はその死に際し、道祖王の立太子を遺詔している。聖武天

皇が孝謙天皇に譲位する際、本当にこのようなことを言ったとすれば、間違っても道祖王の立太子を遺詔するようなことはなかったはずである。したがって、聖武天皇の言辞としてここに記されている内容は、孝謙天皇自身が聖武天皇に託して創作した言葉と考える以外にないであろう。それゆえ聖武天皇のその言葉を聞いたのは、自分と年端もいかない子供（竪子）だけだったというのである。

「王を奴と成す」とは淳仁天皇を廃帝し、淡路に退かせるということであろうが、「奴を王と云うとも、汝の為《せ》むままにまに」とはいかなる意味なのか。「奴」とは卑賤身分の立場の者を指しており、間違っても皇族ではない。つまり彼女は淳仁天皇を廃帝し、自らが重祚を決意した時点で、自分の後継ぎを皇族以外から選ぶことをすでにもくろんでいた。聖武天皇の残した言葉として自分が創作した言辞の中で、すでに道鏡を皇位に即かせることを吐露しているのである。しかも、そのような権利を、自分は聖武天皇から認定されていると主張している。もちろん、そのようなことが、我が国慣習上許されることではないことを彼女は十分理解していた。それゆえ、神護景雲三年に至って、宇佐八幡神の託宣に託して、実行しようとしたのであろう。

託宣事件の首謀者は間違いなく称徳天皇で、それゆえに清麻呂の復命を聴いた天皇は、あのように激怒してしまったのであろう。阿曾麻呂は弓削浄人ではなく、称徳天皇に教唆されていた。その後、阿曾麻呂の奏上は偽りであったと認定されたが、それが称徳天皇の意志によるものだとわかれば、称徳天皇をも処罰する必要が生じる。崩御したとはいえども、称徳天皇にそのような汚名を着せることははばかられた。これは、天皇とその政府の権威を第一に考える『続日本紀』が採らざるを得なかった措置であろう。

注

（1）滝川政次郎「法王と法王宮職」（法制史論叢四『律令諸制及び令外官の研究』、角川書店、一九六七）参照。
（2）谷本啓「道鏡の大臣禅師・太政大臣禅師・法王」（『ヒストリア』二一〇号、二〇〇八）参照。
（3）和田行弘『『続日本紀』編纂と同書所載宣命」（『古代史の研究』二号、一九八〇）参照。
（4）本居宣長「歴朝詔詞解」第二八詔（『本居宣長全集』七、筑摩書房、一九七一）による。
（5）直木孝次郎他編『続日本紀』3（平凡社、一九九〇）の同日条でも、「さて、あれ（仲麻呂）が奏上したことには」と口語訳しており、「之」を仲麻呂を指す指示代名詞として理解している（西本昌弘氏担当）。
（6）本居宣長「歴朝詔詞解」（前掲注4）第二八詔において、「古へは官をも位といひしは、常の事也」としている。
（7）道鏡はこの詔によって、田令に定める大臣職分田三〇町と禄令に定める封戸二〇〇〇戸が支給されるようになったと思われる。
(8)『続日本紀』同日条によると、「使を山階寺に遣わして、詔を宣りて曰、少僧都慈訓法師政を行うに理に乖き、綱為るに堪へず、宜しく其任を停めて、衆の議する所に依って道鏡法師を以て少僧都と為す」とある。
(9)『正倉院文書(大日本古文書)』二四所収の「第六櫃本経出入注文」によると、天平一九年正月一五日に梵網経二巻の記述があり、その注記として、「良弁大徳御所の請け奉るところ、使は沙弥道鏡」と見える。
(10) 拙稿「道鏡の仏教」(『古代史の海』九七、二〇一九)参照。
(11) 本居宣長「歴朝詔詞解」(前掲注4)第三六詔において、「奉仕へる云々は、無其人則闕とあるにつきて、かくは詔給へる也、其人有ときは任スといふ文はなし」と述べている。
(12) 本居宣長「歴朝詔詞解」(前掲注4)第三六詔において、「敢たひなむかとは、堪賜ひなむ歟と也」としている。
(13)『続日本紀』神護景雲二年一二月四日条は、「是より先、山階寺僧基真、心性常無く、好みて左道を学ぶ、其童子を呪縛し、人の陰事を教説す、至乃、毘沙門天像を作りて密かに数粒の珠子を其前に置き、称して仏舎利現れたりと為す、道鏡仍ち時の人を眩耀し、己が瑞為んと欲す、乃ち天皇に諷して、天下に赦し、人に爵を賜ふ、基真姓を物部浄志朝臣と賜ひ、法参議を拝す、身に兵八人を随へ、基真怒りを作す所は卿大夫と雖も、皇法を顧みず、道路に之を畏れて、避けること虎を逃れるが如し、是に至りて其師主法臣円興を凌突し、飛騨国に擯けたり」と見える。
(14) 本居宣長「歴朝詔詞解」(前掲注4)第四一詔による。
(15) 勝浦令子「称徳天皇の「仏教と王権」——八世紀の「法王」観と聖徳太子信仰の特質」(『日本古代

の僧尼と社会』、吉川弘文館、二〇〇〇）参照。

（16）道鏡の法王号については、本居宣長『本朝詔詞解』（前掲注4）のなかで、「皇胤にあらざる人に、王といふ号を授け給へること、神代よりためしなく、理にそむきたる大まがこと也」として、法王号が皇胤を意味するものと理解しているようである。

（17）私は本書において、大臣＝大臣禅師、太政大臣＝太政大臣禅師、法皇＝法王であり、道鏡は太政官政治に関与せず、称徳天皇の仏道修行の指導者であったと理解している。

（18）仲麻呂が唐風化政策を推進したことについては、岸俊男『藤原仲麻呂』（吉川弘文館人物叢書、一九六九）において詳述されている。また、根本誠二『天平期の僧侶と天皇』（岩田書院、二〇〇三）は、道鏡時代の政策は仲麻呂時代のものを踏襲している例が多いとする。

（19）本居宣長「歴朝詔詞解」（前掲注4）第四一詔による。

（20）『続日本紀』天平宝字八年一一月七日条によると、「復高鴨神於大和国葛上郡祠る、高鴨神は、法臣円興、其弟中衛将監従五位下賀茂朝臣田守等言」とある。

（21）横田健一『道鏡』（吉川弘文館人物叢書、一九五九）は、道鏡の生涯とその背景を総合的に考察している。その中で道鏡が義淵の弟子であったことを参考に、彼の生年を慶雲二年と推定された。ただしその後、横田健一「義淵僧正とその時代」（『橿原考古学研究所論集』第五、吉川弘文館、一九七九）は道鏡の享年を七〇と推定し、大宝二年頃ではなかったかと推定しておられる。

（22）拙稿「淡路廃帝の死と道鏡」（塚口義信博士古稀記念『日本古代学論叢』同会、二〇一六）参照。

（23）『宿曜占文抄』は高山寺所蔵であるが、堀池春峰「道鏡私考」（『芸文』八‐五、一九五七）によると、「天平宝字六年壬寅四月、高野天皇を近江保良宮に於いて、御薬之事在りし時、道鏡法師此の宿曜秘法を伝え受け、勅を奉り法に依って勤修し、御悩み平らかに玉体安和に復す」とある。

(24) 選叙令遷代条によると、「凡そ初位以上の長上官の遷代は、皆六考を以て限りと為せ」とある。ただし、『続日本紀』慶雲三年二月一六日条によると、二考を減じて四考を以て考満としている。しかし、これを以てしても浄人の出世は早いと言えるであろう。

(25) 岸俊男『藤原仲麻呂』(吉川弘文館人物叢書、一九六九) 参照。

(26) 笹山晴生『日本古代衛府制度の研究』(東京大学出版会、一九八五) 参照。

(27) 坂本太郎『六国史』(吉川弘文館日本歴史叢書、一九七〇) 参照。

(28) 拙稿「天武朝の対皇親政策」(『古代天皇制史論』、創元社、一九八八) 参照。

(29) 仲麻呂の首級を称徳天皇が確認したのは、『続日本紀』天平宝字八年九月一八日条に、「壬子、軍士石村村主石楯、押勝を斬りて首を京師に伝う」とあり、浄人を従八位上から一挙に従四位下に昇叙した七日後のことであった。

(30) 岸俊男『藤原仲麻呂』(前掲注25) 参照。

(31) 道鏡の少僧都就任について、横田健一『道鏡』(前掲注21) は、「あるいは道鏡が上皇に議したようなことがあったのではないか」と推測しておられる。

(32) 拙稿「道鏡と弓削浄人」(『古代史の海』九九、二〇二〇) 参照。

(33) 『公卿補任』天平宝字七年条の記載によると、太師正一位藤原仲麻呂、御史大夫正三位文室浄三、中納言藤原永手・氷上塩焼・白壁王・藤原真楯でともに従三位、参議は正三位藤原弟麻呂と藤原御楯・藤原巨勢麿でともに従三位、正四位上藤原真光・正四位下藤原清河と、ともに従四位下藤原訓儒麻呂・藤原朝獦・石川豊成である。

(34) 『南都七大寺年表』にはたしかに「元興寺、三論宗、道鏡の弟子」とあるが、以下に述べる通り、整合性がないように思われる。

(35) 同日条には、「是より先、山階寺の僧基真、心性常に無く、好みて左道を学ぶ、(中略) 毘沙門天像を作りて、密かに数粒の珠子を其の前に置き、仏舎利現ずと為す」とある。
(36)『寧楽遺文』中(昭和五一年、訂正四版)所収の「西大寺資材流記帳」による。
(37) 横田健一『道鏡』(前掲注21)は、ここで述べられている「伽藍」の中に、西大寺が含まれていることを確認したうえで、「西大寺は称徳天皇にすすめて建立させ、自分の一代の功業を後世にほころうとしたものであろう」と評される。
(38)『続日本紀』によると、称徳天皇の西大寺行幸は、天平神護二年一二月一二日・神護景雲元年三月三日・同年九月二日・同三年四月二四日の四回にわたる。ただし、神護景雲元年三月三日の行幸は、「壬子、西大寺法院に幸し、文士をして曲水を賦せしむ、五位已上及文士に禄を賜う」とあり、具体的な個人名を挙げていない。
(39)『続日本紀』神護景雲元年二月二八日条によると、「従四位下佐伯宿禰今毛人を造西大寺の長官と為す」とある。
(40) 大伴伯麻呂は、道鏡左遷直後の宝亀元年一〇月に右中弁になっている。それまでは造西大寺司次官兼員外左中弁だったので、正員の右中弁であるから、決して降格ではないだろう。
(41) 神護景雲元年七月一〇日に内豎省が創設された。その際、長官(卿)が道鏡の弟の弓削浄人であることから、その創設が道鏡の意を戴したものであったことは確かであろう。ところがこの内豎省は、道鏡左遷後の宝亀三年二月一六日に廃止されている。このように道鏡が能動的に行った施策は、道鏡左遷後に廃止ないしは縮小されるものが多かったと思われる。
(42) 日置蓑麻呂は道鏡が左遷された翌日、「従五位上日置造蓑麻呂を図書頭と為す」とある。その直前の任官記事が、神護景雲二年一一月一八日の「従五位上日置造蓑麻呂を丹波守と為す」である。位階においては変化がない。官職においては、丹波国は、『延喜式』の民部省式によると上国であるからその守は従五位下相当である。これに対し、図書頭は従五位上相当である。このことから、道鏡左遷の翌日に彼は若干ではあるが、優遇されたことになるだろう。

(43) 天平一七年一〇月一七日付「画工司解」(『大日本古文書(正倉院文書)』二)には、「少初位下令史息長丹生真人大国」と見える。

(44) 「一族」とは、同じ姓を共有する者同士を称すると思われる。そのうち、とくに近親の者を「一門」と称するものと思われる。『続日本紀』の道鏡没伝において、浄人の栄達ぶりを表現するために「一門の五位の者の男女十人」と表現している例がそれに当てはまるだろう。ここでいう「一門」とは、『延喜式』式部省式郡司条に「凡そ郡司は、一郡に同姓を併用すること得ざれ、若し他姓中に人無くんば、同姓と雖も同門を除きて任ずることを聴せ」と記す「同門」に当たるものと思われる。また、『続日本紀』文武天皇二年三月九日条の神郡に対する三等以上の親の連任特例から推測して、「一門」とは三等親以内の近親を指すものと理解すべきであろう。

(45) 天平宝字三年と思われる「造東大寺司上日帳」(『大日本古文書(正倉院文書)』四)によると、「大工外従五位下益田縄手」と見える。

(46) 称徳天皇は西大寺に行幸を繰り返した、天平神護二年一二月一二日から神護景雲三年四月二四日の間、神護景雲三年正月三日には、大臣以下が道鏡を拝賀しており、道鏡の動向には、もっとも注目された時期である。

(47) 和田行弘「『続日本紀』編纂と同書所載宣命」(前掲注3)参照。

(48) 横田健一『道鏡』(前掲注21)の推察による。

(49) 横田健一『道鏡』(前掲注21)の日程考察を参考にした。ただし、平城京―宇佐八幡間の移動を、横田氏は約一ヵ月とされるが、勅使の移動なので、一ヵ月半を要すと考えた。
(50) 瀧浪貞子「奈良朝の政変と道鏡」(『敗者の日本史』二、吉川弘文館、二〇一三)は、阿曾麻呂と浄人が託宣を作り上げたとされる。
(51) 横田健一『道鏡』(前掲注21)参照。
(52) 中西康裕「『続日本紀』と道鏡事件」(『続日本紀と奈良朝の政変』、吉川弘文館、二〇〇二)は、この事件の首謀者を称徳天皇であるとする。なお、託宣の内容は皇位にかかわるものではなく、由義宮遷都にかかわるものであるとされる。これに対し、鷺森浩幸『藤原仲麻呂と道鏡』(吉川弘文館、二〇二〇)は、遷都が託宣を必要とするほどのことかと疑問を呈される。称徳天皇の年齢を考慮するならば、皇嗣にかかわる内容であるからこそ、託宣を必要としたものと私は考える。

第五章

称徳天皇の崩御と道鏡の左遷

1　称徳天皇の晩年

†称徳天皇の崩御

称徳天皇の寵愛を得て法王にまで昇り詰めた道鏡はその崩御に伴い、即座に造下野国薬師寺別当に左遷されてしまった。その弟の浄人が流罪であるにもかかわらず、道鏡は左遷である。考えてみれば、極めて寛大な措置であったといえるだろう。天皇の崩御が宝亀元年八月四日で彼が左遷されたのは同年の八月二一日、まことにあっけない転落劇である(1)。その転落劇の背景には何があったのであろうか。このことを考えるためにも、称徳天皇の晩年を詳しく見る必要がある。

道鏡を寵愛した称徳天皇が崩御した。『続日本紀』宝亀元年八月四日条によると、称徳天皇の崩御を次のように記している。

癸巳、天皇西宮に崩ず、春秋五十三、左大臣従一位藤原朝臣永手・右大臣正二位吉備

朝臣真備・参議兵部卿従三位藤原朝臣宿奈麻呂《すくなまろ》・参議民部卿従三位藤原朝臣縄麻呂・参議式部卿従三位石上朝臣宅嗣・近衛大将従三位藤原朝臣蔵下麻呂《くらじまろ》等、策を禁中に定めて、諱を立てて皇太子と為す、左大臣従一位藤原朝臣永手遺宣《いせん》を受けて曰く、今詔く、事卒爾《そつじ》に有るに依って諸臣等議りて、白壁王は諸王の中に年歯も長なり、又先帝の功も在故に、太子と定めて奏せば、奏せるままに宣し給うと勅わくと宣る、使を遣わして三関を固く守らしむ、従三位文室真人大市《ふんやのまひとおおち》・高麗朝臣福信《こまのあそんふくしん》・藤原朝臣宿奈麻呂・藤原朝臣魚名《うおな》・従四位下藤原朝臣楓麻呂・藤原朝臣家依《いえより》・正五位下葛井連道依《ふじいのむらじみちより》・石川朝臣垣守《かきもり》・従五位下太朝臣犬養《おおののあそんいぬかい》、六位十一人を以て御装束司と為す、従三位石川朝臣豊成《とよなり》・従五位上奈癸王《なきおう》・正四位下田中朝臣多太麻呂《ただまろ》・従四位上佐伯宿禰今毛人・従四位下安倍朝臣毛人・従五位上安倍朝臣浄成《きよなり》・従五位下小野朝臣石根《いわね》、六位已下八人を作山陵司と為す、従五位下石川朝臣豊人《とよひと》・外従五位下高松連笠麻呂《かさまろ》、六位二人を作路司と為す、外従五位下佐太忌寸味村《さたのいみきあじむら》・外従五位下秦忌寸真成《はたのいみきまなり》、判官・主典各二人、宮内・大膳・大炊・造酒・筥陶《きょとう》、監物等司各一人を養役夫司と為す、左右京・四畿内・伊賀・近江・丹波・播磨・紀伊等の兵六千三百人を興して以て山陵に供せしむ、称徳天皇は享年五三で生涯を閉じ、その葬礼は大々的に行われた。ここでは、崩御に至るまでの過程をさらに詳しく見る必要がある。というのは、彼女が不予になってから崩御するまでの期間がかなり長いためである。(2)

†称徳天皇の不予

称徳天皇は崩御に至るまで、不予の期間がかなり長くあった。つまりかなり長い間、人事不省の危篤状態だったのであり、このことについて、称徳天皇の埋葬を伝える『続日本紀』宝亀元年八月一七日条はその様子を次のように記している。

丙午、高野天皇を大和国添下郡《そふのしもぐん》佐貴郷《さきごう》高野山陵に葬れり、従三位藤原朝臣魚名を以て御前次第司長官と為す、従五位下桑原王《くわばらおう》を次官と為す、判官・主典各二人、従四位下藤原継縄《つぐただ》を御後次第司長官と為す、従五位下大伴宿禰不破麻呂《ふわまろ》を次官と為す、判官・主典各二人、皇太子は宮に在りて留守したまう、道鏡法師は梓宮に奉じて、便ち陵下に留り廬す、天皇由義宮に幸してより、便ち聖躬不予を覚ゆ、是に於いて即ち平城に還る、此より百余日を積みて親しく視る事をせず、群臣曾て謁見することを得るもの無し、典蔵従三位吉備朝臣由利《ゆり》、臥内に出入りし奏すべき事を伝う、天皇尤も仏道を崇めて、刑獄を恤み、勝宝之際、政は倹約を称せり、太師誅せられてより、道鏡権を擅にして、軽く力役を興し、務めて伽藍を繕い、公私彫喪《ちょうそう》して、国用不足す、政刑日に峻しく、殺戮妄りに加え、後之事を言うは、頗る其冤を称せり、

写真12　高野山陵（佐紀高塚古墳・奈良市山陵町）

これによると、称徳天皇が由義宮に行幸した時に不予となり、平城京に帰還し、一〇〇余日間誰もこの間、親しく会うことができなかったという。天皇の崩御は八月四日であるから、その一〇〇日余り前の五月一日前後から人事不省に陥ったことになる。天皇が由義宮から帰還したのは宝亀元年四月六日のことであるから、不予は由義宮で生じたものではなかったことになるだろう(3)。

一方、『続日本紀』宝亀元年六月一〇日条によると、「初めて天皇由義宮に幸したる之後、不予すること月を経ぬ」

と見え、ここで「初めて」という語が用いられている。由義宮行幸はこれより先にも行われているので、(4)この語は不予にかかるものと考えるべきであろう。ともあれこれによると、天皇の不予は由義宮行幸から帰還の後のことであり、この時点で一月ほど経過していたことになる。これにより、天皇の不予は五月初旬頃に生じたことになり、先の「百余日」とほぼ同じ状況である。しかし、それは本当のことであろうか。しばらく称徳天皇の動向を観察することにより、判断することにしたい。

天皇が由義宮から平城京へ帰還したのは宝亀元年四月六日のことで、その五日後の四月一一日、弓削宿禰牛養《うしかい》等九人に弓削朝臣への、弓削連耳高等三八人に弓削宿禰への改姓が行われている。道鏡の弟である弓削浄人に授けられた弓削御浄朝臣ではないので、それほどの近親者ではなかっただろうが、この賜姓も道鏡寵愛の一環であると考えてよいだろう。その証拠に、この記事の末尾に「未だ歳月を経ずして皆本姓に復す」とある。この時賜った姓はそれほどの時間を置かずして剝奪され、元の姓に戻されてしまったという。

これは称徳天皇崩御後、弓削御浄朝臣の姓が剝奪されたことと同じことであろう。(5)このことから、この時授かった姓も称徳天皇崩御後に剝奪されたと思われる。四月一一日の改姓は、明らかに道鏡を寵愛する称徳天皇の意志でなされており、この時点で天皇は不予の状態ではなかった。

その一月後の五月一一日、弓削浄人が大宰府で採集した白雀《しろすずめ》を献上している。この白雀に関して伊予国から献上された白鹿と比較し、左右大臣がその祥瑞としての価値を天皇に親しく奏上している。その席には白雀を携えてきた弓削浄人も同席していたはずである。(6)このことから、この時点でも天皇は人事不省の状態ではなかったことになる。

宝亀元年六月一〇日条の「不予して月を経ぬ」という表現に信を置くならば、この五月一一日かその直後に、称徳天皇は不予になったと考えることができる。これ以後、天皇の動向としては六月一日と七月一五日に大赦《たいしゃ》の勅を発しているが、このことには後に触れたい。

以上のことから、称徳天皇が人事不省に陥ったのは少なくとも宝亀元年五月一一日以後ということになるが、八月一七日条によると、「天皇由義宮に幸してより、便ち聖躬不予を覚ゆ、是に於いて即ち平城に還る」と記している。これは明らかに誇張であるが、なにゆえこのような誇張がなされたのか。

天皇の不予は由義宮から帰還して一ヵ月以上後に生じたが、六月一〇日条も八月一七日条も、天皇の不予と由義宮行幸を暗に関連付けようとしているようである。天皇は寵愛する道鏡の故郷に設けた由義宮に入り浸っていたため、不予はそれによるものだと主張したかったのであろう。

ここにはすでに、道鏡を寵愛し続けた天皇の意志が働かなくなったことにより、道鏡を批判する動きがあったことを認めることができる。五月一一日以降、人事不省に陥った天皇の意志とは別に、左右大臣たちによる道鏡追放の動きがすでに活発化していたと思われるのである。

†称徳天皇晩年の政治

宝亀元年八月一七日条によると、不予となった称徳天皇は誰とも会おうとしなかったが、ただ一人、従三位吉備由利だけが天皇の寝所に出入りし、奏すべきことを伝えたという。もちろん、その逆に天皇の勅を諸臣に伝えたことであろう。そのような状況が宝亀元年五月一一日直後から崩御に至るまで続いたと思われる。

なお、吉備由利は姓が真備と同じ、彼女の出世が真備の出世とほぼ軌を一にしていることから、真備の近親者であったとみてよいだろう。(7) 彼女の薨去は宝亀五年正月二日、真備のそれは宝亀六年一〇月二日で、彼女は真備と年齢がそれほど離れていない姉ないしは妹であったと思われる。薨去年月日からみて妹であろう。

由利だけが天皇の勅を諸臣に伝え、諸臣の奏すべきことを天皇に伝えることができた。先に、六月一日と七月一五日に称徳天皇の発した大赦の勅があることを述べたが、これも由利によってもたらされたものであろう。これは左右大臣が天皇の平癒を祈願する意味を込めて、天皇の名によって発せられた大赦であったと考えられる。

ここでは吉備真備の思惑が介在したことは間違いなく、道鏡排斥は左右大臣と、右大臣真備の縁者である由利によって断行されたものであろう。そのことは、天皇不予を伝える宝亀元年六月一〇日条の後段に記された次の勅を見れば容易に理解できる。

是に於いて、左大臣（永手）に勅して、近衛・外衛・左右兵衛の事を摂り知らしむ、右大臣（真備）は中衛・左右衛士の事を知らす、

これによると、天皇と宮廷を守護する軍事力を左右大臣がほぼ独占して統括することになったという。この勅も由利によって左大臣にもたらされたものであろう。これより先、神護景雲二年一一月二九日に弓削浄人は検校兵庫大将軍に任じられ、大きな軍事力を手中

に収めていた。[8] おそらくこの勅は、それに対抗する意味があったと思われる。道鏡と浄人を寵愛する称徳天皇の意志から、このような浄人に対抗するような措置が発せられたとは思われない。これは間違いなく、反道鏡派の活発な動きと考えてよいだろう。

2 道鏡の左遷と死去

†光仁天皇の登場

宝亀元年八月四日、称徳天皇は享年五三で崩御した。『続日本紀』同日条の崩伝によると、即座に左右大臣と三人の参議に加え、非参議の藤原蔵下麻呂の六人が合議し、白壁王を立太子させている。このことに関して、左大臣藤原永手が称徳天皇の遺言（遺宣《いせん》）として、その理由を述べている。それによると、白壁王は皇族の中で年長であるだけでなく、称徳天皇の政治に功労があったことを指摘している。おそらく、白壁王が称徳天皇在世中に大納言に任ぜられていたことを、その功労と評しているのであろう。[9]

白壁王は天智天皇の皇子である芝基皇子《しきのみこ》の子息で、久々に天武天皇の皇統以外の天皇が出現した。宝亀元年一〇月一日に即位して光仁天皇となり、天応元年四月三日に子息の桓武天皇に譲位するまで在位一二年を数えた。同年一二月二三日の崩伝によると、「太上天皇崩ず、春秋七十有三」とあることから、和銅二年の生まれである。したがって六二歳で即位したことになる。

称徳天皇崩伝中、「白壁王は諸王の中に年歯も長なり」という記述は、他のすべての皇族の生年がわかっているわけではないが、ほぼ正鵠を得ていると考えてよい。また、称徳天皇の下で大納言を務めたことが評価されているが、光仁天皇に至るまで、即位した天皇でかつて議政官を歴任した経験を持つ者は一人もいない。議政官を務めれば、たとえ大納言といえども大臣の下位に位置づけられることから、即位後の政権運営にかつての上下関係が持ち込まれることを恐れたからであろう。称徳天皇の下で、白壁王は将来即位するはずもない立場にあった。

それでは、白壁王立太子は本当に称徳天皇の遺言だったのだろうか。(10) たしかに永手は「遺宣」という文言を用いているが、その中で「事卒爾に有るに依って諸臣等議りて」白壁王を皇太子に決めたのだと述べている。称徳天皇は後継天皇を決めることなく急(卒爾)に崩御したため、六人が相談して白壁王の立太子を決定した。このことを「遺宣」と表したのは、この決定を称徳天皇の遺言に位置づけるための方便であろう。

称徳天皇は崩御後の宝亀元年八月一七日に葬られたが、これは光仁天皇が即位する同年一〇月一日よりも以前である。先に見た葬礼を伝える記事によると、「皇太子は宮に在りて留守したまふ」とあり、葬礼には何ら関与していなかった。おそらく、白壁王の立太子を相談した藤原永手らによって葬礼は取り仕切られていたと思われる。それでは、称徳天皇に寵愛を受けていた道鏡やその弟の弓削浄人は、この葬礼にどのように関係していたのであろうか。

称徳天皇の葬礼と道鏡

前掲の称徳天皇崩伝によると、白壁王の立太子を合議した六人の中に非参議の藤原蔵下麻呂が含まれているにもかかわらず、道鏡の弟でこの時点で大納言に任じられていたはずの弓削浄人は含まれていない。この六人だけでなく、参議の藤原魚名は称徳天皇の葬礼に際して、御装束司を務めており、同じく参議の石川豊成は作山陵司を務めている。さらに、参議の藤原継縄は『続日本紀』宝亀元年八月一七日条によると、御後次第司長官を務めている。このように、当時の議政官は称徳天皇の葬礼でかいがいしく働いているにもかかわらず、大納言でありながら弓削浄人は何の役目にもあずかっていない。

おそらくこの時、浄人は大納言の職にとどまってはいたが、事実上、議政官としての立場を失っていたのではないかと思われる。[11]もちろん道鏡の意を受けたとはいえ、浄人を議政官に任じたのは称徳天皇に他ならないだろう。その称徳天皇が崩御するまでの約一〇〇日間は不予の期間で、称徳天皇の意に反するかのように、浄人は議政官から除外されている。

また、宝亀元年八月一七日条の称徳天皇埋葬の記事によると「道鏡法師は梓宮に奉じて、便ち陵下に留り盧す」と見える。道鏡は称徳天皇を葬った御陵のもとに庵を結んでいたというのである。[12]これは、自分を寵愛してくれた称徳天皇をいつくしんでいるようにも思われる。

しかし、先に見たように宝亀元年六月一〇日条によると、左大臣(藤原永手)が近衛・外衛・左右兵衛を掌握し、右大臣(吉備真備)が中衛・左右衛士を掌握している。つまり、宮廷は反道鏡派の藤原永手らによって警備されていたのである。大納言弓削浄人であろうと法王道鏡であろうと、反道鏡派によって武装警備(ロックアウト)された宮中には入ることができなかった。道鏡が陵下の庵に一人佇んでいたのは、宮中に入ることができなかったからであろう。

道鏡が大臣禅師から法王へと駆け上る時代を、「道鏡政権」と呼ぶことがあるが、彼が政権と呼べるほどの政治権力を掌握していたのであれば、これほどあっけない転落劇を演じることはなかったであろう。これこそが、道鏡が太政官政治を掌握していなかったことの証左である。

道鏡はあくまで仏道修行をする称徳天皇を仏教指導する立場にあり、大臣禅師・太政大臣禅師・法王などといういかめしい名称は、彼の職責の格付けを大臣並み・太政大臣並み・天皇並みにしたに過ぎず、太政官政治への関与は一切なかった。それゆえ、後ろ盾の称徳天皇が不予となり人事不省に陥るや、その崩御を待つことなく転落した。

†道鏡の左遷と死去

道鏡を寵愛した称徳天皇が崩御すると、道鏡への批判が一気に噴出する。まず、先に掲げた宝亀元年八月一七日の称徳天皇崩伝には痛烈な批判が列記されている。それを箇条書きにして列記すると次のようになる。

①藤原仲麻呂の乱の後、道鏡が権力をほしいままにした。
②軽々しく力役を課した。
③しきりに寺院を修理した。
④このため国家財政に不足が生じた。
⑤政治と刑罰は峻厳で、みだりに殺戮を加えた。
⑥のちの人々は、この時代には冤罪が多かったと振り返っている。

①は、藤原仲麻呂の乱後に大臣禅師・太政大臣禅師・法王へと昇り詰めるのであるから、その通りといえるかもしれない。しかし道鏡は仏道修行をする称徳天皇に対する仏教的指導を行うにすぎず、彼自身は太政官政治にはかかわっていなかった。したがって、②〜⑥は道鏡に名を借り、称徳天皇の政治を批判していると思われる。ここでは託宣事件を批判の対象にはしていないことに注目すべきであろう(13)。

次に道鏡が批判されるのは、宝亀元年八月二一日条の道鏡を左遷するために出された白壁皇太子の令旨である。そこには次のように記されている。

庚戌に、皇太子令旨すらく、聞くならく、道鏡法師窃かに舐《し》糠《こう》之心を挟み、日を為すこと久し、陵土未だ乾かざるに奸謀発覚す、是れ則ち神祇の護る所にして、社稷の裕くる攸なり、今先聖の厚恩を顧みるに、法に依りて刑に入ることを得ざれ、造下野国薬師寺別当に任じ発遣す、即日左大弁正四位下佐伯宿禰今毛人・弾正尹従四位下藤原朝臣楓麻呂を遣わして促して上道せしむ、

ここで「舐糠之心」とあるのは、『史記』呉王濞伝の「糠を舐め米に及ぶ」を引用していると思われる。すなわち、最初はくだらない糠を舐めてはいるが、嘗め尽くすと次は大切な米に手を出しかねないというので、大切な米とは天下のことである。この令旨を箇条書きに要約すると、次のようになるだろう。

①道鏡は、ひそかに永らく天下を狙っていた。
②称徳天皇の陵墓の土が乾かないうちに、そのことが発覚したのは神々の助けである。
③称徳天皇の手前、法によって罰することができないので下野薬師寺別当に任じる。
④即日、佐伯今毛人らを遣わして、道鏡を下野薬師寺に逓送せよ。

①で、道鏡は皇位を狙っていたといっている。これは託宣事件のことを指しているのであろう。[14] ②では、それがすぐに発覚したことを示している。称徳天皇を御陵に埋葬してから四日目のことであるから、「陵土未だ乾かざるに奸謀発覚す」とは、まさしくその通りであろう。

写真 13　下野薬師寺復元回廊（下野市薬師寺）

そして③では称徳天皇の手前、法に依って罰することはできないので、下野薬師寺の別当に左遷すると述べている。道鏡が皇位を本当に狙っていたというのであれば明らかに反逆罪であり、極刑に処せられるのが当たり前であるが、称徳天皇が生前、道鏡を寵愛していたといういきさつがあるので、左遷で済ませるという。第四章で述べた通り、腹立たしいほどの道鏡の処遇も託宣事件も、すべて称徳天皇のなせる業であり、それを法によって処分しようとすれば、称徳天皇の非を顕わにしなければならない。そのため、道鏡は左遷で済まされたのである。

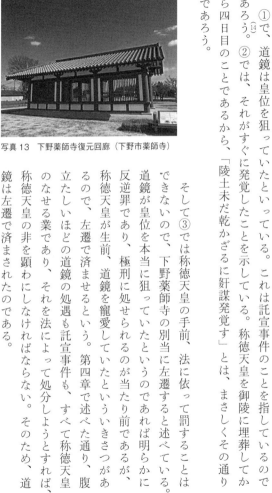

第二章で指摘した宝亀三年四月七日条の道鏡没伝が彼の最後を飾る記事であり、その詳細について、各章で思うところを述べてきた。ここでは、これまでの章でふれてこなかった部分について述べておきたい。

道鏡は仲麻呂の乱の後に太政大臣禅師となり、しばらくして法王になった。そして「載るに鸞輿を以てし、衣服飲食は一に供御に擬す」と記されている。道鏡の乗り物は天皇と同じものであり、衣服食事も天皇と同じものであったというのである。まさしく、道鏡の専横を語るにふさわしい行いであろう。しかし、ここでは「衣服飲食は一に供御に擬す」とあることから、供御そのものではなくそれに似たものであったと述べている。これも扱いを天皇並みにするという意味で、道鏡が天皇や皇嗣になったという意味ではないだろう。

それに続く「政之巨細決を取らざることは莫し」という記述は、道鏡が太政官政治にかかわっていなかったことから、誇張であると考えられる。最後に「庶人を以て之を葬る」とある記述も、かつて法王として天皇と同じ格付けをなされた道鏡ではあるが、それに頓着することなく、庶人として埋葬するように政府は命じているということである。

周知のとおり、称徳朝においては仲麻呂もおらず、天皇を諫言した淡路廃帝も薨去していた。尊敬する父母も泉下《せんか》に赴いてしまっている。「政之巨細決を取らざることは莫し」

とは、道鏡ではなく、称徳天皇の行為そのものである。称徳天皇崩伝の中で、後代の人々がこの時代に冤罪が多かったことを嘆いていると記されている。まさしくその冤罪を行ったのは、称徳天皇その人に他ならない。

第一章で述べたように、『続日本紀』の編者が最も意を払わなくてはならないのは国家の威信を傷つけないことであった。そのため、称徳天皇の汚名を記すことはできず、そこにあった不合理に触れずにはいられなかった。それゆえに、その責任を道鏡に仮託して記したのであろう。

注

(1) 横田健一『道鏡』(吉川弘文館人物叢書、一九五九)は、その転落劇の一因を「藤原氏ら貴族の策謀を過小評価していたらしい」と評価する。そのことはたしかに一因であっただろうが、道鏡の政治的立場に大きな要因があったとも思われる。

(2) 根本誠二『天平期の僧侶と天皇』(岩田書院、二〇〇三)は、「称徳天皇は、おそらく神護景雲四年五月ごろから、朝政を執るのに充分な体力を保ちえていなかったのであろう」(一〇四頁)と推測するが、その根拠は示されていない。

(3) 横田健一『道鏡』(前掲注1)は天皇の不予の始まりを、「由義宮から都に還り、天皇は発病した」とする。おそらく、『続日本紀』宝亀元年六月一〇日条の記述に信を置いたのであろう。

(4) これより先、『続日本紀』宝亀元年二月二七日条に、「庚申、車駕由義宮に行幸す」と見える。
(5) 『続日本紀』天平宝字八年七月六日条によると、「辛丑、授刀少志従八位上弓削連浄人に姓を弓削御浄朝臣と賜ふ」と見えるが、道鏡失脚後の宝亀元年八月二二日条で「道鏡が弟弓削浄人、浄人が男広方・広田・広津を土佐国に流す」とあり、いかなる姓も記していない。また、宝亀六年二月八日条によると、浄人以外でなお弓削御浄朝臣を名乗っていた人々も、すべて元の姓に戻されている。
(6) 同日状によると、白雀については「今年大宰帥従二位弓削御浄等白雀一隻を進る」と見える。
(7) 根本誠二『天平期の僧侶と天皇』(前掲注2)は、由利を真備の妹か娘と推定しているが(九二頁)、その根拠は示されていない。
(8) 横田健一『道鏡』(前掲注1)は、左右大臣が七衛府を所管しているが、そこに衛門府が見えないことから、「浄人の手にあるから」とされる。たしかに、天平宝字八年一〇月二〇日条によって、彼が衛門督を歴任していることがわかることから、的を射た推測であろう。
(9) 『続日本紀』天平神護二年正月八日条によると、「中納言正三位諱(白壁王)・藤原朝臣真楯を大納言と為す」と見える。
(10) 本居宣長は、この白壁王立太子詔(第四七詔)について、「大御病俄なるにはあらざれども、いまだ皇嗣を定め賜はずして、崩坐なむとすること」として、称徳天皇による後継天皇の指名はなかったものと推定している(「歴朝詔詞解」、『本居宣長全集』七、筑摩書房、一九七一)。
(11) 弓削浄人は、宝亀元年五月一一日、大宰府で採集した白雀を献上しているが、これを最後に公の場に姿を見せていない。
(12) 『後漢書』明帝紀の注によると、「梓宮は、梓の木を以て棺を為す」とあることから、道鏡は称徳天皇の棺に寄り添っていたのであろう。

(13) この時点でいまだに道鏡は在京で健在であり、託宣事件の首謀者が称徳天皇であることが周知されていたものと思われる。託宣事件の主犯が道鏡であるという公式見解が出されるまでは、この事件に触れることができなかったのである。

(14) 道鏡の処遇が決定したことによって、託宣事件の首謀者を称徳天皇から道鏡へと、政治的配慮から置き換えたものと思われる。

おわりに

本書は、道鏡の生涯を総覧すべく述べ来って、述べ終わった。第一章では、まず道鏡にまつわる荒唐無稽な「うわさ」を取り扱った。その結果、そのような「うわさ」を伝える史料は確かな史料ではないことを明らかにした。しかし、私たちがそのことから学ぶべきことは、戦前の皇国史観が支配した時代には、そのような不確かな史料が重要視されていたという事実である。

道鏡という僧侶を語るには、やはり確かな史料によって語る必要性のあることを述べた。しかし、道鏡を語るに必要不可欠な『続日本紀』にさえも、天皇とその政府の威信を護るという大命題が存在し、必ずしも正確に語りつくせないことを提起した。

第二章では、道鏡が出家するまでの状況と道鏡の有する仏教を扱った。これまで、道鏡は物部氏の一族に連なる名族の出身であると評価されてきた。たしかに、道鏡の出身氏族である弓削氏は物部氏に連なる一族であろうが、本書では、その職掌から見て、かなりの傍流氏族であろうと評価した。これまで言われてきたように名族の出自ではなかったのである。

第三章では、律令国家と道鏡の関係を扱った。たしかに、道鏡は称徳天皇の寵愛をほしいままにしたようである。しかし、その要因については、これまで言及されることがなかった。本書では、道鏡が称徳天皇の敬愛してやまない聖武天皇の看病禅師であり、その崩御に立ち会った人物ではなかったかと提起した。すなわち、道鏡は称徳天皇にとって、敬愛してやまない父帝の思い出をともに語ることのできる人物だったのであろう。

さらに、これまで淳仁天皇（淡路廃帝）は、藤原仲麻呂のロボット的存在であったと評価されてきた。しかし、本書では、その即位に仲麻呂の影響を認めつつも、淳仁天皇の独自性のあったことを指摘した。また、淳仁天皇の藤原仲麻呂の乱へのかかわり方に関しても、再考を提起した。

第四章では、称徳朝政治における道鏡の立場を扱った。道鏡は、称徳朝において、大臣禅師・太政大臣禅師・法王と、その職を上昇させていくのである。しかし、その職責そのものはこれまで明らかにはされていなかったように思われるのである。本書では、それらの職責が、あくまでも僧籍にある称徳天皇の仏道修行を指導するものに限られるとした。大臣・太政大臣・法王などと、仰々しい名称が称されているが、それは道鏡の職責をそれぞれに位置づけるものであり、決して議政官に位置づけたり、皇嗣に指名したものではないことを述べた。

それゆえ、道鏡は、称徳天皇の仏道修行の指導に専念し、太政官政治には一切関与していなかったものと考えた。その証左として、国家事業として西大寺が創建されたが、僧籍に在りながらも、道鏡が何らその事業に関係していなかったことを明らかにした。称徳天皇仏道修行の指導に職責を特化させられた道鏡にとって、国家事業としての西大寺建立には何ら口を挟める立場にはなかったのである。

さらに、宇佐八幡託宣事件については、その事件の過程を分析し、道鏡の発意でなされた事件ではなく、その張本人は称徳天皇自身であろうと推定した。その根拠として、淳仁天皇廃帝の詔の中で、孝謙上皇が聖武上皇の訓戒として、「誰を天皇にしようともお前の思いのままにせよ」といわれたことを述べている。もしこれが、本当に聖武上皇の訓戒であったとするならば、聖武天皇は崩御に際して、道祖王を皇嗣とせよというような遺言は残すことはなかっただろうと考えた。そして、これらのことから、称徳天皇は重祚した際に、すでに何らかの形で道鏡を天皇にするつもりではなかったかと提起した。

第五章では、称徳天皇の崩御と道鏡左遷を扱った。道鏡は、寵愛してくれた称徳天皇の崩御を契機として、直後に左遷されている。しかし、その動きは一〇〇日余に及ぶ天皇の不予期間にすでに始まっていたことを指摘した。道鏡優遇期の時代を、「道鏡政権」という人もいる。しかし、太政官政治をわがものとしていたのであれば、藤原仲麻呂のように兵をあげたであろう。それをすることもなく、従順に下野へと左遷された道鏡は、単に称徳天皇に寵愛されたにすぎず、政権担当者ではなかったとみるべきであろう。

また、称徳天皇崩御後の道鏡に関する批判記事を詳細に観察した。その結果、道鏡は称徳天皇の不予の間に、その地位を事実上喪失していたのではないかと指摘した。そしてその背景には、天皇とその政府の威厳を護ることを第一義とする『続日本紀』が、称徳天皇を責めることができないため、その責を道鏡に負わせるという動きがあったのではないかと推定した。

以上が、本書の至極簡単な要約である。次に、私と道鏡の出会いについて記しておきたい。私は、古代史の研究がしたくて関西大学文学部史学科に入学した。その直前に、関西大学は、飛鳥高松塚古墳の発掘を担当し、古墳壁画を発見していた。当時の新聞各紙は、争うようにその報道を行っていた。古代史に興味を持つ受験生の私も、それらの新聞記事を読み漁ったことを今も覚えている。そこでは、関西大学教授陣が盛んに新聞紙上に見解を述べておられた。それゆえ、新入生の私にさえ、関西大学の考古学・古代史学の陣容は理解できていた。

その中でも、ひときわ発言の多かったのは横田健一先生であった。それゆえ、大学に入るや図書館で横田健一先生の著書を検索して閲覧した。もちろん、それが横田先生の名著『道鏡』（吉川弘文館人物叢書、一九五九）である。道鏡を語るうえで、律令制度に照らし合わせて、どう考えるべきか、なにが問題かを平易に記しておられた。しかし、それでもわからないことがあまりにも多かったのである。新入生にとっては、啓蒙書である人物叢書『道鏡』さえも難物だったのである。せっかく古代史の研究がしたいと思って、大学に入学したのに、自分はやっていけるのだろうかと真剣に悩み続ける日々であった。

その一方で、横田先生の『道鏡』を読むことによって、古代史を勉強するには、律令制度を理解する必要があるようだということは十分に理解できた。それゆえ、律令注釈書を横において、『道鏡』を読み続け、そして何度も読み返した。もちろん、律令注釈書といっても、『令義解』や『令集解』なら、おそらくめげていたに違いなかっただろう。しかし、『道鏡』を読みあぐねていたちょうどそのころ『律令』（日本思想大系、岩波書店、一九七六）が出版され、その書下し文や頭注・後注に助けられて読み進むことができた。そして、ただ読むだけでなく、その都度キャンパスノートに疑問点や問題点を摘記した。

私の書斎には、その当時のキャンパスノートが今も鎮座している。そこに記された疑問点や問題点の数々は、その当時の私が感じた素直な感想ではあるが、そのほとんどが私の不勉強によるものであったことが今ではよくわかる。しかし、本書で、横田先生に多少ながら抗弁させていただいた諸点もある。それらも、そのキャンパスノートに記されたメモ書きを基にしたものである。

その最たるものは、淳仁天皇に対する評価であろう。このことに関する疑問は、その当時から五〇年間持ち続けていた課題である。すなわち、本書は恩師の名著『道鏡』に抗弁する不届きな箇所のある著作ではあるかもしれないが、本書の原点は、まぎれもなく横田健一先生の名著『道鏡』であることは間違いない事実なのである。横田先生の『道鏡』を五〇年間読み続け、多少なりとも抗弁できるようになった私を、泉下の横田先生は必ずや喜んで下さるものと信じている。

最後になったが、浅学菲才の私に、本書を執筆させようと決断してくださった筑摩書房の喜入冬子社長に感謝の念をささげたい。また、怠惰な私を常に励まし、終始編集に尽力くださった同社編集部の松田健氏には特段の感謝をささげたい。

ちくま新書
1790

道鏡《どうきょう》
――悪僧《あくそう》と呼《よ》ばれた男《おとこ》の真実《しんじつ》

二〇二四年四月一〇日　第一刷発行

著者　寺西貞弘（てらにし・さだひろ）

発行者　喜入冬子

発行所　株式会社筑摩書房
東京都台東区蔵前二‐五‐三　郵便番号一一一‐八七五五
電話番号〇三‐五六八七‐二六〇一（代表）

装幀者　間村俊一

印刷・製本　株式会社精興社

ISBN978-4-480-07616-8 C0221

ちくま新書

1725
天武天皇
寺西貞弘

壬申の乱に勝利して皇位を奪取し、日本律令国家の基礎を築き、記紀編纂に着手した天武天皇。その生涯を解明し、皇親政治、律令制度導入の実態について考察する。

713
縄文の思考
小林達雄

土器や土偶のデザイン、環状列石などの記念物は、縄文人の豊かな精神世界を語って余りある。著者自身の半世紀近い実証研究にもとづく、縄文考古学の到達点。

1624
縄文 vs. 弥生
——先史時代を九つの視点で比較する
設楽博己

縄文から弥生へ人々の生活はどのように変化したのか。農耕、漁撈、狩猟、儀礼、祖先祭祀、格差、ジェンダー、動物表現、土器という九つの視点から比較する。

1646
縄文と世界遺産
——人類史における普遍的価値を問う
根岸洋

2021年、「北海道・北東北の縄文遺跡群」が世界遺産になった。世界は「縄文」をどう評価したか。その選定過程から浮かび上がる人類の「普遍的価値」を考える。

791
日本の深層文化
森浩一

稲と並ぶ隠れた主要穀物の「粟」。田とは異なる豊かさを提供してくれる各地の「野」。大きな魚としてのクジラ。——史料と遺跡で日本文化の豊穣な世界を探る。

1207
古墳の古代史
——東アジアのなかの日本
森下章司

社会変化の「渦」の中から支配者が出現した、古墳時代の中国・朝鮮・倭。一体何が起こったのか。日本と他地域の共通点と、明白な違いとは。最新考古学から考える。

1576
埴輪は語る
若狭徹

巫女・馬・屋敷等を模した様々な埴輪。それは古墳に飾り付けられ、治世における複数のシーンを組み合わせて再現して見せ、「王」の権力をアピールしていた。

ちくま新書

1628
邪馬台国再考
——女王国・邪馬台国・ヤマト政権
小林敏男
畿内ヤマト国（邪馬台国）と北九州ヤマト国（女王国）は別の国で、卑弥呼は後者の女王だった。長年の歴史学の文献研究に基づき、古代史最大の謎を解き明かす。

1555
女帝の古代王権史
義江明子
古代天皇継承は女系と男系の双方を含む「双系」的なものだった。卑弥呼、推古、持統らに焦点を当て古代王権史を一望。男系の万世一系という天皇像を書き換える。

1755
古代日本の宮都を歩く
村井康彦
飛鳥京から平安京まで、王宮が遷都と造都を繰り返して都市文化がつくられた。歴史家が自ら現地を歩き、文献史料を再検討し、宮都の知られざる史実を掘り起こす。

1703
古代豪族 大神氏
——ヤマト王権と三輪山祭祀
鈴木正信
ヤマト王権の国家祭祀を担った氏族、大神（おおみわ）氏。三輪山周辺が政治の舞台だった五〜六世紀に祭祀を職掌として台頭した大神氏と古代王権の実態を解明する。

1497
人事の古代史
——律令官人制からみた古代日本
十川陽一
報復左遷、飼い殺し、飼い慣らし……。天皇を中心に国を統治をするために様々な人の差配が必要となった。国家の礎となる官人とその支配制度に光を当てた一冊。

1247
建築から見た日本古代史
武澤秀一
飛鳥寺、四天王寺、伊勢神宮などの古代建築群を手がかりに日本誕生に至る古代史を一望する。仏教公伝、皇祖神創造、生前退位は如何に三次元的に表現されたのか？

1570
持統天皇と男系継承の起源
——古代王朝の謎を解く
武澤秀一
自らアマテラスとなり、タテの天皇継承システムを創出した女性天皇の時代の後、なぜ男系継承の慣例が生じたのか？　平城京を三次元的に考察してその謎を解く。

ちくま新書

601 法隆寺の謎を解く 武澤秀一

世界最古の木造建築物として有名な法隆寺は、創建・再建の動機を始め多くの謎に包まれている。その構造から古代史を読みとく、空間の出来事による「日本」発見。

1765 日本人なら知っておきたい日本の伝統文化 吉村均

伝統的な日本人のこころのあり方や死生観はどのようなものだったのか。民俗学や宗教学、倫理学の観点から、近代以降、我々が見失ってきたものを掘り起こす。

1369 武士の起源を解きあかす――混血する古代、創発される中世 桃崎有一郎

武士はどこでどうやって誕生したのか。日本を長期間統治した彼らのはじまりは「諸説ある」として不明とされていた。古代と中世をまたぎ、日本史最大級の謎に挑む。

1471 室町の覇者 足利義満――朝廷と幕府はいかに統一されたか 桃崎有一郎

朝廷の支配者であり、幕府のトップ。その権力の源泉は儀礼の奥義と、無言の恫喝とジョークで、それは天皇まで翻弄した。知られざる義満の正体を深掘りする。

618 百姓から見た戦国大名 黒田基樹

生存のために武器を持つ百姓。領内の安定に配慮する大名。乱世に生きた武将と庶民のパワーバランスとは――。戦国時代の権力構造と社会システムをとらえなおす。

1093 織田信長 神田千里

信長は「革命児」だったのか？ 近世へ向けて価値観が大転換した戦国時代、伝統的権威と協調し諸大名や世間の評判にも敏感だった武将の像を、史実から描き出す。

1426 明智光秀と本能寺の変 渡邊大門

下克上の時代。なぜ明智光秀は織田信長を殺したのか。私怨だったのか、朝廷か足利義昭か、徳川家康の陰謀だったか……戦国ミステリーを明智の人生で読み解く。

734
寺社勢力の中世
――無縁・有縁・移民
伊藤正敏
最先端の技術、軍事力、経済力を持ちながら、同時に、国家の論理、有縁の絆を断ち切る中世の「無縁」所。第一次史料を駆使し、中世日本を生々しく再現する。

1294
大坂　民衆の近世史
――老いと病・生業・下層社会
塚田孝
江戸時代に大坂の庶民に与えられた「褒賞」の記録を読みとくと、今は忘れられた市井の人々のドラマが見えてくる。大坂の町と庶民の暮らしがよくわかる一冊。

1767
仕事と江戸時代
――武士・町人・百姓はどう働いたか
戸森麻衣子
戦国時代の終焉で、劇的な経済発展をした江戸時代。それを支える労働も多様になった。現代の働き方にも結びつくその変化を通して、江戸時代を捉えなおす。

1567
氏名の誕生
――江戸時代の名前はなぜ消えたのか
尾脇秀和
私たちの「氏名」はいつできたのか？　明治政府が行った改革が、江戸時代の常識を破壊し大混乱を巻き起こす。気鋭の研究者が近世・近代移行期の実像を活写する。

1561
血の日本思想史
――穢れから生命力の象徴へ
西田知己
古来、穢れを表し、死の象徴だった「血」が、なぜ江戸時代に家族のつながりを表すものへと転換したのか。日本人の「血」へのまなざしと生命観の変遷をたどる。

1257
武士道の精神史
笠谷和比古
侍としての勇猛な行動を規定した「武士道」だが、徳川時代に内面的な倫理観へと変容し、一般庶民の生活にまで広く影響を及ぼした。その豊かな実態の歴史に迫る。

1529
村の日本近代史
荒木田岳
日本の村の近代化の起源は、秀吉による村の再編にあった。戦国末期から、江戸時代、明治時代までの村の近代化の過程を、従来の歴史学とは全く異なる視点で描く。

ちくま新書

1096
幕末史
佐々木克

日本が大きく揺らいだ激動の幕末。そのとき何が起き、何が変わったのか。黒船来航から明治維新まで、日本の生まれ変わる軌跡をダイナミックに一望する決定版。

948
日本近代史
坂野潤治

この国が革命に成功し、わずか数十年でめざましい近代化を実現しながら、やがて崩壊へと突き進まざるをえなかったのはなぜか。激動の八〇年を通観し、捉えなおす。

1513
明治憲法史
坂野潤治

近代日本が崩壊へと向かう過程において、憲法体制は本当に無力であるほかなかったのか。明治国家の建設から総力戦の時代まで、この国のありようの根本をよみとく。

1184
昭和史
古川隆久

日本はなぜ戦争に突き進んだのか。私たちは、何を失い、何を手にしたのか。開戦から敗戦、復興、そして高度成長へと至る激動の64年間を、第一人者が一望する決定版！

1210
日本震災史 ――復旧から復興への歩み
北原糸子

度重なる震災は日本社会をいかに作り替えてきたのか。有史以来、明治までの震災の復旧・復興の事例に焦点を当て、史料からこの国の災害対策の歩みを明らかにする。

1306
やりなおし高校日本史
野澤道生

「1192つくろう鎌倉幕府」はもう使えない！　新たな解釈により昔習った日本史は変化を遂げているのだ。ヤマト政権の時代から大正・昭和まで一気に学びなおす。

1290
流罪の日本史
渡邊大門

地位も名誉も財産も剥奪された罪人は、縁もゆかりもない遠隔地でどのように生き延びたのか。彼らの罪とは。事件の背後にあった、闘争と策謀の壮絶なドラマとは。

ちくま新書

1746
古代史講義【海外交流篇】
佐藤信編
邪馬台国・倭の五王時代から、平安時代の鴻臚館交易まで、対外交流のなかから日本という国が立ち現れてくる様を、最新の研究状況を紹介しながら明らかにする。

1378
中世史講義
――院政期から戦国時代まで
高橋典幸
五味文彦編
日本史の先端研究者の知を結集。政治・経済・外交・社会・文化など十五の重要ポイントを押さえるかたちで中世史を俯瞰する。最新の論点が理解できる、待望の通史。

1485
中世史講義【戦乱篇】
高橋典幸編
『承久の乱』『応仁の乱』など重要な戦乱をめぐる最新研究成果を紹介。保元の乱から慶長の役まで、武士による戦乱の時代であった中世の歴史を一望に収める入門書。

1469
近世史講義
――女性の力を問いなおす
高埜利彦編
第一線の実証史学研究者が最新研究に基づき江戸時代の実像に迫る。特に女性が持った力と果たした役割を多角的に検証。通史としても読める全く新しい形の入門書。

1318
明治史講義【テーマ篇】
小林和幸編
信頼できる研究を積み重ねる実証史家の知を結集。20のテーマで明治史研究の論点を整理し、変革と跳躍の時代を最新の観点から描き直す。まったく新しい近代史入門。

1319
明治史講義【人物篇】
筒井清忠編
西郷・大久保から乃木希典まで明治史のキーパーソン22人を、気鋭の専門研究者が最新の知見をもとに徹底分析。確かな実証に基づく、信頼できる人物評伝集の決定版。

1657
明治史講義【グローバル研究篇】
瀧井一博編
日本の近代化はいかに成し遂げられ、それは世界史にどう位置づけられているのか。国際的研究成果を結集し、日本人が知らない明治維新のインパクトを多面的に描く。

ちくま新書

1508
昭和史講義【戦後篇】(上)
筒井清忠編
実証研究に基づき最先端の研究者が執筆する『昭和史講義』シリーズがいよいよ戦後に挑む。上巻は占領期から55年体制の成立まで、全20講で幅広いテーマを扱う。

1509
昭和史講義【戦後篇】(下)
筒井清忠編
最先端の実証研究者による『昭和史講義』シリーズ戦後篇。下巻は55年体制成立以降、主に一九五〇年代後半から高度成長期を経て昭和の終わりまでを扱う全21講。

1665
昭和史講義【戦後文化篇】(上)
筒井清忠編
計7冊を刊行してきた『昭和史講義』シリーズの掉尾を飾る戦後文化篇。上巻では主に思想や運動、文芸を扱い、18人の第一線の研究者が多彩な文化を描き尽くす。

1666
昭和史講義【戦後文化篇】(下)
筒井清忠編
昭和史講義シリーズ最終刊の下巻では、戦後に黄金期を迎えた日本映画界を中心に、映像による多彩な大衆文化・サブカルチャーを主に扱う。昭和史研究の総決算。

1385
平成史講義
吉見俊哉編
平成とは、戦後日本的なものが崩れ落ち、革新の試みが挫折した30年間だった。政治、経済、雇用、メディア。第一線の研究者がその隘路と活路を描く決定版通史。

1712
東北史講義【古代・中世篇】
東北大学日本史研究室編
辺境の地として倭人の大国に侵食された古代。豊かな天然資源が交易を支え、活発な交流が多様で独自性に富んだ地域を形成した中世。東北の成り立ちを読み解く。

1713
東北史講義【近世・近現代篇】
東北大学日本史研究室編
米穀供給地として食を支え、近代以降は学都・軍都として人材も輩出、戦後は重工業化が企図された。度重なる災害も念頭に、中央と東北の構造を立体的に描き出す。